伝記 小泉信三

神吉創二
慶應義塾幼稚舎教諭

慶應義塾大学出版会

はじめに

小泉信三《こいずみしんぞう》という人がいました。明治二十一（一八八八）年に生まれ、昭和四十一（一九六六）年に亡くなった人です。

小泉信三は、福澤諭吉《ふくざわゆきち》が作った慶應義塾《けいおうぎじゅく》という学校に育ち、大学卒業後は母校の教授《きょうじゅ》になり、そして塾長《じゅくちょう》になりました。ですから、慶應義塾という学校の「先生」だったわけです。

しかし、とある学校の「先生」だったということだけでなく、この時代の日本という国の「先生」でもありました。

多くの本を書き、多くの人に読まれました。学問への興味と熱意を持ち、小さな島国日本が世界で生きていく独立心を持つために、学問を奨励《しょうれい》しました。

そして、今上天皇陛下《きんじょうてんのうへいか》（現上皇《じょうこう》陛下）の皇太子《こうたいし》時代の「先生」でもありました。東宮御《とうぐうご》教育常時参与《きょういくじょうじさんよ》として、今後の日本を担う皇太子殿下の御教育の最高責任者をつとめました。御成婚《ごせいこん》にも尽力《じんりょく》しましたから、今の天皇皇后《こうごう》両陛下（現上皇上皇后《じょうこうじょうこうごう》両陛下）の「先生」と言っても過言ではないでしょう。

私は、小泉信三という人が亡くなった後に生まれました。おそらく、この本を手にとった多くの読者も、この時代に生きていたわけではないので、随分と昔の日本の出来事として読むことになるでしょう。

しかし、これは平安時代や戦国時代というように、本でしか学べないような古い日本の歴史ではありません。私たちの祖父母、曾祖父母《そうそふぼ》の時代の出来事です。戦争が終わって七十年近くになりますが、それは血のつながった私たちのおじいちゃん・おばあちゃんたちが生き抜いた時代であり、長い歴史からみれば、ついこの間の出来事なのです。そして、その時代のことは、決して忘れてはいけないこと、新しい世代の人たちに語り継いでいかなければならないことなのです。

明治・大正・昭和という時代を生きた「小泉信三」という人の一生を考えていくことによって、昭和・平成という時代に生まれ、新しい日本を作っていく私たちが、次の時代に何かをつなげていく懸《か》け橋になれればと思います。

本書は、これからの時代を生きる子どもたち（小学校高学年生）でも内容が分かるようにと心がけて書きましたが、中学生・高校生・大学生、そして子どもたちの教育に携《たずさ》わる教職員や保護者にこそ、胸に響くところがあるのではないかと思います。

多くの人に「小泉信三」という人物のことを知ってもらえたらと、心から願います。

小泉先生の二女の小泉妙《たえ》氏には、本書の完成にあたって、多くの御好意と御協力を賜《たまわ》りました。尽きぬ感謝を込めて、この本を捧げます。

平成二十六年　三月

神吉　創二

伝記　小泉信三　目次

第三章　塾長時代
——戦争の中で

第四章　戦後日本の巨星へ
——勇気ある自由人

＊扉絵　阿部愼蔵
＊写真　慶應義塾福澤研究センター蔵

第一章　生い立ちと学生時代

——テニス選手から勉強家へ

一　生い立ち

小泉信三は、明治二十一（一八八八）年五月四日に、東京市芝区三田（現在の東京都港区三田）に生まれました。父信吉《のぶきち》が四十歳、母千賀《ちか》が二十六歳の時のことでした。慶應義塾大学のある三田の山、南側のふもとの家で、今は消防署がある所が生家《せいか》です。

父信吉は、紀州《きしゅう》和歌山藩《わかやまはん》の出身で、江戸築地鉄砲洲《つきじてっぽうず》にある福澤諭吉の蘭学塾《らんがくじゅく》（後の慶應義塾）に入って勉強しました。横浜正金《よこはましょうきん》銀行の創立に参加したり、大蔵省の役人になったりしましたが、福澤諭吉の信頼があつく、慶應義塾の塾長も務めた人です。母千賀も、同じ和歌山藩の出身でした。

この父母の最初の子どもは、「七三《しちぞう》」という男の子でした。父信吉は、「よその家は名前をつける時に一から始めるが、うちは十から始める」と言って、「七三」と名づけました。七と三を足すと十になるという考えです。七三は、生まれて間もなく亡くなってしまいました。ですから、小泉家の戸籍にはのっていません。

次に生まれたのは女の子でした。十の次の名前は何かというと、それは「千《せん》」でした。信三よりも二歳年上、明治十九年の生まれです。

信三はその次に生まれました。「信三」の「信」は、父が自分の名前「信吉」から一字をとり、「三」は、亡くなった兄から数えて三番目の子どもだったからです。生まれたのは五月四日ですが、戸籍では五月十日生まれになっています。

信三の下には妹が二人います。明治二十三年に生まれた二歳年下の妹は「勝子《かつこ》」といいます。信吉の母、つまり祖母の名前が「かつよ」というのですが、その名前からとったのでしょう。一番下の妹は、信三の六歳年下、明治二十七年生まれの「信子《のぶこ》」です。

信三は、一人の姉と二人の妹にはさまれ、女の子の間に育ったのです。

信三は、東京に生まれて東京に育ちました。故郷というものがない信三にとって、三歳から四年近く過ごした

小泉家家族写真（明治 22 年頃）
左から母千賀、信三（抱かれている）、父信吉、姉千。

横浜桜木町《よこはまさくらぎちょう》が、生まれ故郷のようなものでした。この家の門前の光景が、さかのぼれる最も古い信三の記憶だったからです。

信三は、亡くなるまで、横浜に深い愛着を持ちました。山下公園を散歩したり、たくさんの本を持ってホテル・ニューグランドの部屋にこもって年を越したりしました。横浜は、信三の故郷がわりでした。

明治二十七（一八九四）年、信三は横浜小学校に入りました。満六歳になる前に入学したことになりますが、この頃は、今と違って学校に入る年齢にきっちりとした決まりがなかったのです。幼い信三少年は、家でわがままにふるまうから、早く学校に入れてしまった方がよい、という父母の考えだったそうです。

その年の冬のことでした。信三の父信吉は、四十五歳の若さで亡くなってしまったのです。慶應義塾の塾長を退き、横浜正金銀行支配人として、多忙な毎日を送っていたところでした。日夜をとわない忙しさに健康を損ない、盲腸炎《もうちょうえん》が悪化し、腹膜炎《ふくまくえん》という病気になってしまったのです。

十二月一日の夜でした。父信吉は激しい痛みを訴えました。六歳の信三少年は、何もできず、ただウロウロするだけでした。自分の父親が、病《やまい》の前にどうすることもできないことに、信三は、恐れ、悲しみました。

それから一週間後、十二月八日に父信吉は亡くなりました。信三は、はじめはひどく泣きましたが、大勢の弔問客《ちょうもんきゃく》の間ではしゃいでいたといいます。小さな信三には、死ということの本当の意味が分からなかったのです。

一家の主を失った小泉家です。この時、母千賀は三十一歳。姉千は八歳。信三は六歳。妹勝子は四歳でした。一番下の妹信子が生まれたのは、父信吉が亡くなって、わずか七日後のことでした。「信吉」の一字をとって「信子」と命名した名付け親は誰でしょう。それは、信吉のことを深く信頼していた、福澤諭吉だったのです。

信吉の病中も、死の直後も、福澤諭吉は小泉家を見舞いました。そして、信吉の死を悲しみ悼《いた》んで、その翌日には絹地に弔文《ちょうぶん》を書いて届けました。「福澤諭吉涙を払《はら》い て誌《しる》す」と締めくくられた七百字もの弔文は、小泉信吉という人物すべてを物語る素晴らしい名文です。

小泉家では、それから後、信吉の命日になると必ずこの掛《か》け軸《じく》を床《とこ》の間《ま》に掛けるようになりました。六歳で父を亡くした信三少年は、年に一回、毎年毎年この掛け軸を読むことで、自分の父親のことを深く近しく知ることができたのです。信三にとって、そして小泉家にとっての宝物となりました。

信三が大きくなって、自分の家族を持つようになってからは、この弔文を自分の子どもたちにも読んで聞かせるようになりました。

父信吉の死と同時に、信三は小泉家を継ぐあととりとなりました。とはいえ、まだ六歳の子どもです。母千賀は、まわりが驚くほどに早く的確に、葬儀をはじめ様々な整理をして、四人の子を連れて、一月には東京への引越しをすませました。千賀はいっさい愚痴《ぐち》を言わない人でした。

引越し先は三田、慶應義塾の構内でした。信吉の恩師である福澤諭吉が、自分が住んでいる三田山上の邸宅の一棟に小泉家を住まわせたのです。信三の一家は、福澤諭吉と同じ屋根の下に引き取られることになりました。小泉一家は皆、福澤諭吉の深い愛情に感謝し、そしてとても尊敬して過ごしていくことになりました。

福澤諭吉は、父信吉にとっての師であり、そして父亡き後の母千賀にとっての師であり、また、信三にとっての師でもあったのです。

二　福澤諭吉との記憶

福澤諭吉の温かい庇護《ひご》のもと、小泉一家は福澤邸内に引き取られました。この時、信三は七歳、福澤諭吉は六十歳でした。福澤は還暦《かんれき》を迎え、髪の毛は白くなってはいましたが、まだまだ年齢よりも若く見えて、とても元気な頃でした。当時の日本において福澤諭吉は、最も尊敬された教育者、著述家でした。慶應義塾のみならず、日本国民にとっても偉大なる先生だったのです。

信三が初めて福澤諭吉と出会ったのはいつのことでしょう。その記憶は、はっきりしません。ただ、父信吉の病中に、何度も小泉家にお見舞いに来てもらっている時に、信三は間違いなく同じ家の中のどこかにいたはずです。必ず福澤諭吉を見たに違いないのですが、信三には何の覚えもありませんでした。

信三が初めて福澤諭吉を見た記憶は、三田の福澤邸内に住むようになってからのものでした。福澤は、自分の邸内に小泉家を住まわせましたが、だからといって何から何まで親切に世話をしたということではありませんでした。そっと静かに見守っていたのでしょう。あれこれ世話を焼くよりも、温かさが感じられます。何も言わないけれど、偉大な教育者の優しいまなざしが、いつでも信三に注がれていたのです。

「先《ま》ず獣身《じゅうしん》を成《な》して後《のち》に人心《じんしん》を養《やしな》う」とは、福澤の教育の根底にある考えです。まずその肉体を丈夫に成長させ、その上で精神発達を心がけるべきだという意味です。福澤自身もまた、大変健康には気をつかいました。驚くほどに、よく運動をしました。

福澤の身長は、今でいえば一七三センチ、体重六八キロ。それが生涯変わらなかったというのですから、すごいことです。毎朝薄暗い時間に起きて、散歩をするのがこの頃の日課です。米搗《こめつ》き小屋を邸内に作って、毎朝「ウンウン」とうなりながら米を搗きました。今は売られている米は白い米ですが、この頃はもみ殻《がら》のついた玄米《げんまい》でした。ご飯を炊く度に玄米の表面についた殻を、杵《きね》でついて取り除かなければなりません。その精米作業を「米を搗く」というのです。福澤のうなる米搗きのかけ声も、その臼《うす》のひびきも、信三は毎日聞きました。

福澤は、刃渡り二尺《しゃく》四寸《すん》九分《ぶ》（七五・四五センチ）、重さ三百十匁《もんめ》（約一一六〇グラム、野球のバットよりもずっと重い）という大きな刀を素早く抜いて、そして振るという動作を、朝八時半少し過ぎから午後一時までの約四時間半、休みなく続けたといいます。千本抜きの記録も残っています。この間、足を踏み出して一定の場所を行き来すると、距離にしておよそ二里半（約十キロ）となります。信三は、その様子を眺めていたのでしょう。

これが明治二十七年、福澤が還暦を過ぎた時のことですから、その気力、体力には驚かないではいられません。まさに、信三が福澤邸内に越した頃のことです。

ある朝、信三は福澤家の庭の芝生で遊んでいました。すると、そこへ浴衣《ゆかた》を着た福澤が、信三より一つ年下の孫を連れておとずれ、一緒に遊んでくれました。芝生の上にしゃがんで何かおしゃべりしていた時、信三のすねに一匹の蚊がとまりました。信三は、自分の血を吸っているその蚊をたたいてやろうと思ったその瞬間、福澤は「バシッ」と信三のすねをたたいて蚊をしとめたのです。血が散りました。福澤はその蚊をひょいと指でつまんで、

「信さん、それ」

と言って、信三に蚊を見せました。その時、なるほど蚊はこうして捕るものか、と信三は思ったといいます。

これが後々まで信三の記憶に残る、歴史的人物福澤諭吉と、まさに触れ合った瞬間でした。

またある日は、「信さんカンガロー（福澤諭吉はカンガルーのことをこう言いました）を見

満7歳頃の信三（明治28年頃）

に行こう」と誘われて、福澤夫妻とその孫と一緒に、馬車に乗って上野動物園へも行きました。動物園の茶店でかき氷をご馳走《ちそう》になりました。福澤先生の奥様に、お家ではいつもかき氷は何杯食べるのかを訊《き》かれ、本当は一杯なのに「二杯ぐらい」と信三は答えたら、なんと二杯ご馳走になりました。信三は知恵のある子だったと言えるでしょう。その他に、福澤諭吉から習字のお手本を書いてもらったこともありました。

　信三は福澤諭吉のごく身近にいながらも、覚えている記憶はこのような小さなことばかりでした。小さな子どもの目に偉人《いじん》はなかったのでしょう。あれほどの歴史的人物と同じ邸内に住みながら、どうしてきちんと観察もしなかったのだろうと、六十数年後の信三は残念がりましたが、七歳の少年ですから、それは仕方のないことです。

　しかし、福澤先生と近しく接していたという事実と、その記憶がなくなることはありません。信三は生涯、その思い出を心の中に大切にしまって、生きていくことになるのです。

信三は、三田の福澤邸へ引越したことによって、横浜小学校から三田台町の市立（現在の港区立）御田《みた》小学校へ転校しました。明治二十八（一八九五）年のことです。

信三の亡き父は慶應義塾の塾長をしていましたし、慶應義塾創立者である福澤諭吉の温かい助けを受けて、三田で生活しているのですから、信三はその敷地内にある慶應義塾幼稚舎《ようちしゃ》（慶應義塾の小学校）に入学してもおかしくないところです。しかし、母に何らかの考えがあったのでしょう。あえて御田小学校に通うことになりました。

当時の御田小学校は、軍人や役人、会社の社長や銀行の頭取《とうどり》などの高い身分の子弟が多く通っていて、抱《かか》え車《ぐるま》（自家用の人力車）や馬車で登校する人もいたようです。もちろん、普通の町家の子も多くいましたが、下町の学校とは違う、一種の風《ふう》がありました。母千賀の考えは、夫信吉が武士の家柄であり、役所や銀行に勤めていたので、似たような雰囲気の学校に信三を通わせたかったのではないでしょうか。

信三は、この御田小学校でのびのびと過ごしました。そして、同級生の中、生涯の友となる阿部章蔵《あべしょうぞう》（後の作家水上瀧太郎《みなかみたきたろう》）と出会いました。これは、信三の生涯にとってきわめて重要で運命的な出会いとなったのです。

　信三が御田小学校に通うようになったこの年の十二月、三田の丘の南側ふもとに小泉一家は引っ越しました。信三が生まれた家の隣になります。母千賀が買った四十坪の土地に、福澤家出入りの大工さんが土蔵のついた二階家を建てたのです。これも福澤の温かな心遣《こころづか》いでした。

　明治三十一（一八九八）年に、福澤諭吉は脳溢血症《のういっけつしょう》にかかりました。信三が十歳の時のことです。病気は回復しましたが、少しずつ福澤の体は弱っていきました。

　福澤は、塾生のみならず日本国民の道徳心を高めることが重要と考えました。病後の体で執筆することが困難になってきたので、お弟子さんたちに命じて、全文二十九カ条からなる道徳の教訓集『修身要領《しゅうしんようりょう》』を作りました。「独立自尊《どくりつじそん》」の人であるべき本当のあり方を説いたものが、この『修身要領』です。

「心身の独立を全《まっと》うし、自から其身《そのみ》を尊重して、人たるの品位《ひんい》を辱《はずかし》めざるもの、之《これ》を独立自尊の人と云《い》う」（第二条）とあるように、「独立自尊」という四文字の言葉は、ここから有名になっていきました。しかし、「独立自尊」とは、きちんと立派に思想の固まった大人が使うべき言葉であって、小さな子どもがこの言葉の意味も分からずに、大人に対して勝手気ままにふるまってしまうことを福澤は案じました。そこで慶應義塾の幼き学生、幼稚舎生に対して、

「話すのは困難だから話そうと思うことを書いてきた」と言って示したのが、次の書です。

「今日子供たる身の独立自尊法は唯《ただ》父母の教訓に従って進退《しんたい》す可《べ》きのみ　明治三十三年七月十三日　幼稚舎生に示す」

幼稚舎では、この福澤先生の書を掛け軸にして、今でも入学式と卒業式に、自尊館《じそんかん》と呼ばれる講堂の壇上に掲げています。

福澤諭吉は、明治三十四（一九〇一）年二月三日、二度目の脳溢血により、三田慶應義塾の自邸にて亡くなりました。六十六歳でした。

この時、信三は十三歳です。福澤先生の死をどのようにとらえていたのでしょう。父信吉を亡くしてから、父親代わりのように接してくださった恩師の死に対して、信三はおいおい涙を流して泣いたのでしょうか。

不思議なことに、答えはまったくそうではありません。十三歳という年ごろがそうさせたのかもしれませんが、信三は、同じ屋根続きの家の下に住んでいた時のような愛着心や親しみも、福澤先生に対して特に感じていませんでした。母千賀と姉千がうやうやしくお葬式に出かけたというのに、信三は風邪でもひいて寝込んでいたのか、不機嫌な気分で家にいたといいます。

三　慶應義塾の学生になる

福澤諭吉が亡くなった翌年の明治三十五（一九〇二）年に、十四歳になった信三は、御田小学校高等四年から慶應義塾普通部《ふつうぶ》（中学部）二年に編入しました。今の小学校は六年制ですが、この頃は小学校四年間が義務教育で、その後は小学校高等科と呼ばれていました。

信三は御田小学校では勉強はよく出来る方だったと言いますが、当時よく勉強が出来た子どもは、高等科二年（今でいう小学六年）を終えると中学の入試を受けて、他の学校に行ったのです。多くの受験生が目指したのは、東京府第一中学校（略称「府立一中《ふりついっちゅう》」、今の都立日比谷《ひびや》高校）でした。東京府の筆頭中学校として、また東京帝国大学（略称「帝大《ていだい》」、今の東京大学）への進学ルート校として、全国的にも有名だった学校です。

明治日本の官尊民卑《かんそんみんぴ》思想のあらわれでしょう。この当時、公立小学校に何らかの事情で入れなかった場合に通う私立の尋常小学校（代用小学校）というものがありました。つまり、公立学校は私立学校より少し偉いのだと誇る風があったのです。

ですから信三のいた御田小学校高等科からも、二年を終えると多くの優秀な生徒が、帝大目指して府立一中を受験していたのです。

さて、当の信三少年はというと、大人になって振り返ってみても全く不明なままに、高等科二年が終わった時に何の手続きもしないで、そのまま高等科四年までずるずると在籍していました。慶應義塾の大学部にいた従兄《いとこ》（津山英吉《つやまえいきち》）が、そんな信三の姿を見かねたのでしょうか。時の慶應義塾長である鎌田栄吉《かまたえいきち》に頼み込んでくれた結果、信三は慶應義塾普通部（中学部）二年級の第三学期に、なんと無試験での編入を許されたのです。「入れてくれるのならば有難い、入りましょう」とばかりに、信三はこうして慶應義塾の塾生（学生）になったというわけです。

福澤の庇護の下、一時は福澤邸内に身を置いた信三です。引っ越し先は三田の山のふもとですから、慶應義塾の構内は自分の家の庭も同然。信三は御田小学校時代から、構内をかけまわって遊んでいたのです。

十二歳だった頃の信三は、弓術《きゅうじゅつ》の射場へ勝手に入り込んでは、和弓《わきゅう》を習いました。弓術を教えてくれていたのは福澤諭吉のお孫さんでしたから、当然生前の福澤も信三が出入りしていたことを知っていました。秋の競射会という弓術の大会で、信三はなんと一等賞になり、翌週の大会でも活躍して記事になりました。その記事には、信三のことを「塾生」と誤って書かれていたのですが、福澤はそれを読んで、とても喜んだといいます。

つまり、信三少年は、慶應義塾に在籍する前から、先生や先輩に可愛がられていた塾生のようなものだったというわけです。

さて、慶應義塾に入った信三は、御田小学校とはまるで雰囲気が違うことを感じました。学校内に上下の差別がなく、先生のことを「さん」付けで呼ぶのです。「先生」と呼ばれるのは福澤諭吉先生ただ一人という考えがあったからです。それに、上級生が下級生にいばらず、下級生が上級生に少しも遠慮しないで、同級生のような口の利き方をするのです。当時の三田の山には、幼稚舎から大学まで同居していましたが、中学二、三年生の子どもが、大学卒業間近の先輩を「君《くん》」付けで呼びます。生徒の気風がとても自然で、気持ちが良いのです。これらは古い慶應義塾の一つの学風と言えるでしょう。

信三は、この塾風を、あっという間に好きになりました。そして、御田小学校時代からの親友阿部章蔵（水上瀧太郎）も普通部に編入し、再び同級生となりました。一生の付き合いが深まる大きな機会となりました。

普通部に入った信三ですが、この時、実はまだ慶應義塾の大学部を卒業するまで、ずっと慶應義塾に在籍するかどうかは考えていませんでした。せっかく入った（入れてもらえた）のに、なぜなのでしょう。

それは、海軍に入りたいという夢が、心のどこかにあったからなのです。日清《にっしん》戦争から日露《にちろ》戦争へと進む中、国内に海軍や軍艦に憧《あこが》れる少年が多かったのは、この時代にあって不思議なことではありません。信三少年も、その一人であったのです。

しかし、そのうちに自然と、信三は慶應義塾の大学部へ進むことが当然であるように感じていくことになりました。それは、つまりは慶應義塾の学風が信三の体にあっていたからです。家の裏木戸《うらきど》をあければ、そこは構内です。始業の鐘が鳴ってから駆け出して教室に向かうこともしばしばでした。信三は、父のいた、福澤のいた慶應義塾を、理屈抜きに空気のように愛していたのでしょう。

もう一つの理由は、信三がテニスに熱中したことです。慶應義塾を代表するテニス選手としての誇りが、大学部まで慶應義塾で学ぶことが当たり前だと感じさせたのです。学生時代だけでなく、小泉信三は生涯にわたってテニスと近しく付き合っていくことになるのですが、ここでは普通部で大活躍した信三のテニスについて記していきましょう。

庭球部に入部した頃の信三（明治35年頃）

慶應義塾に体育会《たいいくかい》が創設されたのは、明治二十五（一八九二）年のことです。「先ず獣身を成して後に人心を養う」の言葉にあるように、福澤諭吉は体育教育の重要性を説きました。慶應義塾体育会の活躍は、日本スポーツ界の先導的役割を果たし、「文武両道《ぶんぶりょうどう》」で培《つちか》われた逞《たくま》しい心身によって社会に貢献できる卒業生を輩出していきました。柔道、剣道、弓術、端艇《たんてい》（ボート）、水泳、野球、蹴球《しゅうきゅう》（ラグビー）に次いで、庭球《ていきゅう》（テニス）は八番目に体育会に加入しました。それは福澤諭吉が亡くなった年の秋のことでした。

信三が庭球部に入部したのは、その翌年、明治三十五（一九〇二）年のことです。信三は小さい頃から負けず嫌いで、人の言うなりになることを激しく嫌う性格でした。どんなことも、基礎から究めなければ気がすまない、いい加減なことはできないという頑固《がんこ》さも持っていました。

そんな信三が、三田の山の上にあったテニスコートを、一人黙々とコート整備するようになりました。朝早くにコートの霜を踏み、掃除をしてローラーをかけ、ネットを張りました。庭球部員でもない信三は、自分からすすんで毎朝やっていたのです。その姿を見ていた野球部や柔道部の部員は、真面目な新入生が現れたぞと目をつけて、自分の部に入らないかと声をかけたのですが、結局信三は庭球部に入りました。

なぜ、野球ではなく、庭球だったのでしょう。負けず嫌いで、言い訳をしない。どこまでも心技体の道を究める性格が、団体スポーツではなく個人競技に合っていたからかもしれません。入部してからというもの、冬の朝に霜よけのむしろを巻いてどけることも、日が暮れて最後にネットを片付けるのも小泉だということになりました。何しろ家は、テニスコートから崖《がけ》をくだってすぐのところです。信三は、三田の山の上で日中を暮らし、人一倍練習をしたのです。

信三は「タドン」というあだ名をつけられました。それは剛球を打とうとするその瞬間、目をギョロリと丸くすることが、タドン（炭団）の黒い球に似ていたからです。随分と威勢のよい力強いあだ名ですが、それは信三の強烈なフォアハンドという武器の恐さを物語っています。豪快なショットを放つ時のタドンのような目に、相手は気迫負けしてしまったのかもしれません。

「練習は不可能を可能にする」。信三が後年語った有名な言葉ですが、ここでいう「練習」とは、たとえようもなく猛烈なものであったといいます。

このころのテニスは、軟式庭球でした。日本のテニス界における先駆けは、東京高等師範《しはん》学校（略称「高師《こうし》」。後の東京教育大学、現在の筑波《つくば》大学）で、東京高等商業学校（略称「高《こう》商《しょう》」。後の東京商科大学、現在の一橋《ひとつばし》大学）が続きました。この両校が対抗試合を始めたのが明治三十一（一八九八）年で、高師・高商の対決は、日本のテニス界を盛り上げました。

その後、慶應義塾が明治三十四年に、早稲田が明治三十六年にそれぞれ庭球部を発足しましたが、高師、高商の強さは圧倒的で、慶應ごときが何度対抗試合を申し込んでも、なかなか受け付けてもらえないくらいでした。

明治三十五（一九〇二）年に十四歳で入部した信三は、誰よりも練習を重ね、同時にどうやったら強くなれるのかを研究しました。とことんまで究めようという負けず嫌いの性格から か、練習の大切さを誰よりも信じていたからか、信三はめきめきと強い選手になっていきました。

信三の持論は、「天才とは異常の努力をなしうる人だ」という考えでした。試合に負けたということに、一切の言い訳はできません。他の誰の責任でもなく、全て自分の努力不足なのです。負けるということは、「練習において、研究において、また辛抱《しんぼう》において勉強が足りない」ということのあらわれです。信三はこの言葉を胸に、練習と研究と辛抱を重ねました。

今の大学テニスの対抗戦は、実力や資格順にダブルス三試合、シングルス六試合のオーダーを決め、計九対戦のうち五試合勝ったチームの勝利となりますが、このころの対抗戦はすべてダブルスの勝ち抜き戦で、試合数にも決まりがありませんでした。二回連続で勝ち抜くと「優《ゆう》退《たい》」と呼ばれて、一旦退《しりぞ》きます。全部の対戦が終わってから、両チームの優退組が再び登場して、勝ち抜き戦で最後まで戦うというルールでした。強い者が残っていくこの対戦方法は、それがゆえに激しい戦いです。

試合に出始めた頃の信三は、勝ったり負けたりでした。時に優退組に残っても、その後の優

庭球部正選手時代（明治 40 年頃）　中列右から 3 人目が小泉

退同士の試合には勝てず、高師には入部してから三年連続で負けていました。小泉が名実ともにナンバーワンになったのは、入部して二年、十六歳になった時でした。たとえようもなく猛烈な練習をくりかえした信三は、技術的にも部内で認められるほどの腕前になり、普通部生にして全塾庭球部の大《たい》将《しょう》にまで成長しました。

この年の十五組による対高商戦。信三は二試合に勝って優退となり、そして優退戦に三連勝して、高商に初めて勝つことができたのです。思い切り振ったバックハンドの当たりの良さに気を良くした信三は、「それから後は記憶がない」と言うほどにすっかり好い気持ちになって暴れまわりました。『時事新報《じじしんぽう》』（福澤諭吉が明治十五年に創刊した日刊新聞）には、この日の信三の活躍が、「小泉の後衛《こうえい》は間然《かんぜん》するところなく（非難すべき点が一つもなく）熱球の飛ぶこと銃丸《じゅうがん》よりも強く」「水も洩《もら》さぬ陣立《じんだて》」と記されています。

自分の大活躍で、初めて宿敵に勝った喜びはどんなにか大きかったことでしょう。あまりの嬉しさで、試合のあった一ツ橋から三田まで、どうやって歩いて帰ったか覚えていないほどでした。

これが日本庭球界の覇者である高商に、初めて慶應義塾が勝った歴史的な一戦でした。同じ年に早稲田も高師を破っており、日露戦争の始まったこの明治三十七年は、「高師高商時代」の終わりと、慶應早稲田を含めた「四強時代」の訪れの年になりました。

早稲田との対抗戦、記念すべき第一回目の早慶戦は、高商に初めて勝った歴史的な日から三週間後でした。信三は二回勝ち抜いた後の優退戦に一回勝ち、慶應大いに優勢のうちに、日没引き分けとなってしまいました。

四　テニスから勉強へ

明治三十八（一九〇五）年、信三は慶應義塾普通部から慶應義塾大学部予科《よか》に進みました。普通部は今でいう中学校ですが、当時の普通部は四年間、もしくは五年間の課程を終えると、大学部予科に進みました。予科とは、高等教育機関ですから、今でいう高校のことです。

予科は同じ三田の山にありましたから、テニスを続けている信三としては、特に普通部も予科も変わらないといった生活です。しかし、ドイツ語を習ったり経済原論を学んだりと、テニス漬《づ》けの毎日の中に、「学問の楽しみ」ということも初めて見出した頃でした。

信三は三田の山の兄貴的存在でした。普通部生が授業の合間に運動場に出てくると、信三は剛腕でラケットをブルブル振ってテニスボールを空高く飛ばして、普通部生にノックしてあげました。あまりに遠く高くにボールが飛ぶものですから、なかなか普通部生は捕れません。すると、

「なんだ、だらしがないぞ。しっかりしないか」

と大声で叱りつけるように励ましながら、何回も何回もテニスボールを打ったのでした。顔立ちがきりっとしていて色も黒く、そしてツーンと澄ましている小泉先輩は、後輩たちから見ると、少し恐くて近寄りにくい感じがしたかもしれませんが、厳しくて格好の良い、憧れの存在だったのです。

相も変わらず、テニスはスター選手として絶好調でした。信三のテニスのフォームが新聞に載ったこともありました。スポーツの写真が新聞に掲載されること自体が珍しい時代のことです。初めて高商に勝ったその翌年の高商戦でも、信三は大将として出場して高商に圧勝しました。「小泉の強球に敵はいない」と新聞は書きました。

慶應の庭球部はチームとしての力もついてきました。大将の信三にまで出番がまわってこないうちに、慶應の勝利が決まってしまったこともありました。高師、高商には、この後在学中にはほとんど負けませんでしたが、早稲田とは六回戦って二度の引き分けがあっただけで、一度も勝てませんでした。

早慶野球戦でもめごとがあったことが原因で、全ての運動競技での早慶戦が中止となってしまいました。結果的に信三にとって最後の早慶戦になった明治三十九（一九〇六）年十月の試合では、信三は二勝して優退となり、優退組の対戦では一勝一敗という結果で、早稲田に敗れました。この早慶戦は、軟式での最後の早慶戦になりました。硬式となって早慶戦が復活されたのは、それから十八年も経ってからのことです。

テニスに明け暮れてばかりいたわけではありません。この頃になると、信三は読書にも夢中になりました。夏目《なつめ》漱石《そうせき》の『坊っちゃん』『吾輩《わがはい》は猫である』を読み、こんなに愉快なものがあるのか、と言いました。同時に英語を学びながら海外の社会事情に興味を抱くようにもなりました。同級生の間では、読書家と言われるようになりました。

明治四十（一九〇七）年、十九歳になった信三は、大学部予科から慶應義塾大学部政治科に進みました。政治科には、福田徳三《ふくだとくぞう》という高商から来た立派な教授がいました。経済史や経済理論といった、日本では未開だった分野の研究を先駆けた経済学者です。信三は、福田先生の講義を聴くことができるという理由で、政治科に進みました。

信三にとって、福田先生との出会いは非常に大きなものでした。夢中になって講義を聴き、すっかり勉強することの魅力にとりつかれてしまったのです。それは福田先生自らが学問に対して真剣で、大変なる情熱を持っていたからでしょう。信三は、恩師の持つ「学問に対する情熱」というものに感染してしまったようでした。学問というものの魅力を信三に教えてくれたのは、この福田博士でした。信三は、この時、「学者になりたい。学校の先生になりたい」と初めて感じたのでした。

このことがきっかけになり、信三の興味は、だんだんとテニスから学問へと変わっていくようになったのです。翌年、明治四十一（一九〇八）年、二十歳《はたち》になった信三は、ますます学問の楽しさに夢中になっていました。福田博士の他にも、多くの魅力ある教員の人格と学識を信頼し、講義を熱心に聴きました。

「二十歳の年はどういった年だったか」と人に聞かれたら、「それは運動家が勉強家になった年だと言える」と信三は後に振り返って言いました。

学問が楽しくなったからといって、テニスの練習を休んでいたわけではありません。庭球部の主将として、慶應が学生テニス界の王者であり続けるために、メンバー選手を率いて毎日猛練習にあけくれていました。しかし、練習が終わって帰宅してから、夜は二時間を読書や勉強の時間に費やしました。それはどんな時も欠かすことがありませんでした。勉強の内容は、専門分野だけでなく、様々な分野にまで範囲が及びました。

どんなことも、基礎から究めなければ気がすまない、いい加減なことはできないという徹底した勉強です。これはテニスを始めた時の取り組みと、まったく同じではありませんか。信三は、やると決めたら、とことんやらなければならない人なのです。

政治科の中で首席《しゅせき》（一番の成績優秀者）だった信三は、自分がしている勉強の半分のそのまた半分、つまり四分の一の勉強量であっても足りる、首席の位置はそれだけでも守れる、と知っていました。しかし、信三の目標は、首席を維持するなどという見識《けんしき》の低いものではありませんでした。そんなものだけのために勉強しているのではないということを、他の誰よりも知っていたのは信三自身です。

信三にはテニスで鍛えた気力と体力があります。テニスの猛練習の後にも猛勉強ができたのは、どんな困難にもくじけない強い意志があったからです。この強い心のことを「気概《きがい》」と言います。

信三の母千賀は、信三が深夜の勉強を終えて床につかないと、自分も決して寝ない、という人でした。信三の姿を見て、頼もしく逞しく思って応援しながらも、心配してしまうのが親心です。父親をなくして女手一つで育ててきた信三を、何とかして男らしく育てようと、一緒に相撲をとったり空気銃の撃ち方を教えたり、時には言うことを聞かない信三を夜の表へ追い出したこともありました。信三を誰よりも愛してきたのは母千賀でした。

そんな母親の愛情を、信三が知らないわけがありません。夜遅く帰った時には母の部屋に行き、「今日はもう寝《やす》みます」と挨拶をして、床に入って部屋の灯りを消すのです。寝むのではありません。寝たふりをするのです。しばらくすると母親は安心して寝静まります。すると信三はむくっと起き出して、それから二時間の勉強を始めるのでした。


運動家から勉強家に変わったという二十歳の信三。この年の五月、高師との試合は自分の出番がないままにチームは勝ちました。ますます勉強への力が入っていきました。

そんな信三に、久し振りに出番がやってきたのは十月四日、対高師戦。信三は負けました。そしてチームも負けました。二週間後の十月十七日、対高商戦。チームは勝ったものの、信三はこの日も試合に勝つことはできませんでした。大相撲の横綱は、負けてはならないという重い責任を背負って戦い、そして自分の相撲がとれなくなったという理由で潔《いさぎよ》く引退していきます。

信三はこの試合の後、主将としての敗北の責任と、自分の不成績を理由に、部を退《しりぞ》きました。慶應義塾の看板を背負ってテニスの試合に出ることは、二度とありませんでした。

テニス選手としての信三は、フェアプレイの精神を貫き通しました。簡単に勝てる勝利はありません。たゆまざる努力、苦しい練習を重ね、心身を鍛《きた》えることで正々堂々と闘いました。闘いに勝つという強い意志を持って戦いました。それは「果敢《かかん》なる闘士」でした。そして、同時に「潔《いさぎよ》き敗者」でもありました。

信三は、テニス選手を引退し、学問に専念することになりましたが、テニスによって学んだ全ての出来事が、小泉信三という人物の血となり、肉となったのです。テニスで培った「気概」は、これからの信三の生涯、あらゆる場面で力強く貫き通されることになるのです。

大学部卒業の頃

第二章　教授時代

――常に学生と共にある

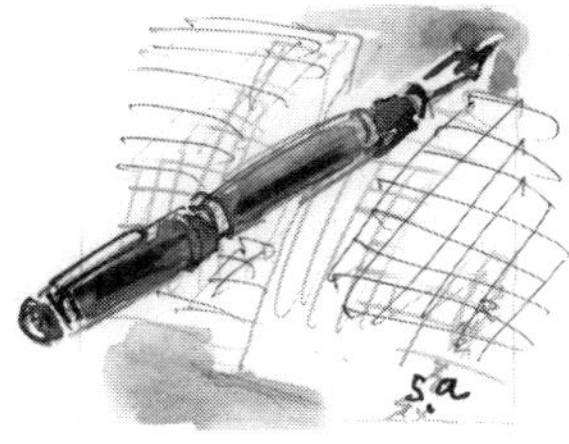

一　大学を卒業して教員になる

大学卒業を控えた頃、信三は将来の進路を真剣に考えていました。亡き父と同じ銀行家になろうか、新聞社を志願しようか、それとも学校に残って勉強を続けようか、という選択肢で悩んでいたのです。

時を移さずして、「大学に残って学問をしないか」と直接すすめてくれた先生がいました。経済学者の堀江帰一《ほりえきいち》です。堀江は、理財科《りざいか》（今の経済学部）の主任を務めていました。その他にも福田徳三はじめ何人かの教授が、「小泉君なら立派な教員になれる」と応援してくれていたのです。

ある日、用事があって信三は区役所に出かけました。そこには、たまたま出張で来ていた銀行員が、お金を数える事務作業をしていました。ただ何気なく、その様子を眺《なが》めていたのですが、信三は、その銀行員を見て、「何となく自分には合わなさそうだな」と感じました。そう感じたのだったら「これも何かのタイミングだ。もう決めよう」と思い立ち、家に帰ってから早速堀江先生のお宅を訪れました。そして「よろしくお願いします」とご挨拶すると、「結構だ」と先生は快諾してくださったのです。こうして信三は、教員として大学に残ることになりました。

その時、堀江は信三にこう言いました。「学者になるのは相撲取りになるようなものだ。相撲は土俵が強くなければ何ともならない。土俵の上では弱い者は弱く、強い者は強い。それだけに面白いのだ」。大学の教員というものは、すべて実力で決まるのだから、そのつもりで頑張るのですよ、という温かい激励だったのです。

堀江は、信三の採用について、時の塾長である鎌田栄吉にお願いに行っています。信三が大学教員になれたのは、堀江の取り計らいが大きかったのでしょう。

明治四十三（一九一〇）年三月、信三は慶應義塾大学部政治科を卒業しました。卒業式では、卒業生百七十八人の代表として答辞《とうじ》を述べました。そして四月、慶應義塾大学部理財科教員として採用されました。当時の月給は二十円（当時の米価［一〇キログラム］が約一円九銭）でした。教員とはいうものの、講義を受け持っていたわけでもありません。時間には余裕がありました。

この年、明治の文豪《ぶんごう》、森鷗外《もりおうがい》らの推薦で、永井荷風《ながいかふう》が文学科（文学部）の教授としてやってきました。慶應義塾の文学科にもっと力を入れて、文学者を育てていこうという動きがあったからです。

永井荷風は、この世界で活躍しはじめた若手作家で、多くの文化人や演劇関係者たちと交友を持っていました。信三は御田小学校時代からの親友、阿部章蔵（水上瀧太郎）と一緒に、永井荷風のフランス文学講義に、一回も欠かさず出席しました。阿部はこの時、理財科の学生でしたが、講義を聴く信三と阿部の態度は、もしかしたら文学科の学生よりも熱心だったかもしれません。

このように、信三は教員になりながらも、興味ある文学の講義に出入りしたり、好きな芝居を見たりして、豊かな感性を磨いていったのです。

信三には、もともと文学的興味と文才がありました。庭球部の選手時代に、三田文学会という学内の小論文コンクールにおいて、「日本人の長所と短所」というテーマで賞をもらったことがあります。筋の通った張りのある文章には、格調の高さが溢《あふ》れています。文章表現から生じる気高さは、福澤諭吉の文章と似ているところがありました。信三の文体は、この頃から完成されていたことになります。

学生時代には、この他にも、大学の学術雑誌の編集委員となったり、恩師福田先生のお宅で難しい外国の本を読み合う勉強会に参加したり、外国の学術雑誌にある論文を紹介する読書会の世話人になったりしました。

このように、文学的な興味の素地《そじ》はもともと信三にはあったのです。大学教員になったら、文学を愛する同志との付き合いが広がり、深まり、多くの文人と知り合い、一層文学と親しむようになっていきました。

永井荷風が中心になって編集した『三田文学』が創刊されたのは、信三が教員になったこの年の五月でした。この文芸雑誌によって、塾内から多くの作家が文壇に登場していきました。そして、永井荷風を慕って、多くの文学者の卵が慶應義塾に入学してくるようになったのです。

信三は、阿部章蔵や、後に美術史家として文学科教授となった澤木四方吉《さわきよもきち》などと、文学について語り合う会を行っていましたが、その仲間たちが『三田文学』に作品を発表するようになりました。親友阿部章蔵は、水上瀧太郎という名前で小説を書くようになりました。

信三自身が小説を書くことはありませんでしたが、友人の作品を読むのが大好きでした。「類《るい》は友を呼ぶ」ということわざがあります。気の合った人や似通った人は、自然と集まって仲間を作る、という意味ですが、この頃の信三たちは、まさにその通りでした。文学に興味を持つ友達を誘い、友達に誘われ、会のたびに顔ぶれが増えていきました。そして親密な付き合いができていくのです。時の過ぎるのも忘れて、小説や劇や様々な芸術について、夢中になって友と語り合いました。

「銀ブラ」という言葉があります。「銀座をブラブラ歩く」という意味として使われていますが、実はそうではありません。この言葉を作ったのは、まさに慶應の文学青年たちでした。明治末期に銀座に開店した珈琲《コーヒー》店パウリスタまで三田からブラブラ歩き、ブラジルコーヒーを飲むこと、それが「銀ブラ」の本当の意味です。久保田万太郎《くぼたまんたろう》、水上瀧太郎、佐藤春夫《さとうはるお》、獅子文《ししぶん》六《ろく》、堀口大學《ほりぐちだいがく》、小島政二郎《こじままさじろう》など、慶應から出た文学者をはじめ、芥川龍之介《あくたがわりゅうのすけ》など後の大正の文豪たちが、この店で一杯五銭のコーヒーを飲み、何時間も熱く文学談議をかわしました。この店の目の前に、時事新報社がありましたから、原稿を届けた文士たちがこぞってコーヒーでほっと一息ついたのです。

それは、文化的で高尚な、有意義な語り合いでした。新米教員である若い小泉信三が、生涯にわたっての交友関係を持つ仲間と、豊かな品性を作り上げていったのは、この文学談議の交流からでした。

信三が『三田文学』の仲間とつきあったり、文学書を夢中になって読みふけったりしたことは、何らかの利益を得ようとしてやっていたのではなく、ただ単に、それが好きだったからにすぎません。それが後に教授となって講義をする時に、大変役立ちました。経済学の先生が経済学の研究をすることは当然です。お医者さんが医学の勉強をするのも当たり前のことです。でも、どんな仕事についても、自分の品位を高め、心を豊かにする教養や趣味を身につけることは、大切なことなのです。ただ好きでやっていたことが、かえって思いもよらないところで利益を生む、ということはあるものです。

二　ヨーロッパ留学

明治四十五（一九一二）年五月。信三が慶應義塾の教員になって丸二年が経った時のことです（この年の七月に明治天皇が崩御され、年号が大正に改まりましたから、それ以降を大正元年といいます）。

信三は経済学研究のために、イギリス及びドイツへの三年間の留学を慶應義塾から命じられました。信三の他にも、澤木四方吉や、後に塾で初めて会計学を講じて経済学部教授になった三邊《さんべ》金蔵《きんぞう》、幼稚舎主任（舎長）となった小林《こばやし》澄兄《すみえ》も、留学の命を受けました。信三の出発は九月となりました。

留学の置き土産として、出発の二カ月前に、ジェヴンス『経済学純理』を訳し終えました。これは翌年の留学中に出版されたのですが、この本は記念すべき、信三にとって初めての単行本刊行でした。恩師福田徳三は、この本の序文にこう書きました。「小泉信三君は慶應義塾が近年に於《おい》て産出したる麒麟児《きりんじ》の一人なり」。「麒麟児」とは才能が特に優れ、将来性のある若者のことです。信三を「運動家」から「勉強家」に育てた恩師福田のこの絶賛の言葉により、信三は留学の留守中に、一躍世間に広く知られることになりました。

信三は、少なくとも三年間は大好きな芝居を見られないからといって、出発前に大好きな歌舞伎を観だめしました。また、親友水上瀧太郎と箱根の温泉で語ったり、長い船旅用の本を買い込んだりもして、準備をすすめました。母千賀は五十歳になっていましたが、信三の留学をとてもよろこんでいました。

ヨーロッパ留学中の写真

そして大正元年九月。恩師堀江教授に見送られて東京を出発した信三は、途中京都や大阪に寄って知り合いに別れを告げ、神戸の港から船に乗りました。旅客機がまだない時代です。上海、香港、シンガポールを経て、英国のロンドンに到着するのに、実に二カ月近くかかっています。

この頃のヨーロッパは、三十カ国以上もの国が参戦した世界大戦の始まる直前でした。戦争がいつ始まってしまうのだろうという不安定な世の中です。ヨーロッパ東南部のバルカン半島では、昔から多くの民族が混在していましたが、その民族同士の争いが勃発しようとしていました。それはヨーロッパの火薬庫となってしまう、まさに一触即発、危険な状態にありました。

この国際対立の中、イギリスとドイツは競って軍艦を建造し、海軍力の増強をはかっていました。これを「建艦競争《けんかんきょうそう》」といいます。海軍の力が強いということは、同時に国の力が強いことをあらわします。軍艦をたくさん造るため、国民には財政的な負担がかかっていました。つまり、信三が暮らしたこの時のロンドンは、とてもざわざわと落ち着かない不安な世情だったのです。世界大戦の始まる二十カ月ほど前のことでした。

ロンドンには予定通り一年ほど滞在しました。信三は、ロンドン大学経済科（ＬＳＥ）に通い、様々な講義を熱心に聴きました。多くの書物を買って読んだり、イングランド各地を旅したりして、社会の様子の見聞を広めていったのです。そして演劇や音楽鑑賞にもよく出かけました。

テニスの聖地といえば、それはロンドン郊外のウィンブルドンです。信三は、テニスの四大大会の一つであるウィンブルドン選手権を観戦し、決勝戦のレベルの高さに驚き、感心しました。

信三が慶應義塾、そして学生テニス界を代表するテニス選手だった当時の日本のテニスは軟式でした。「まだ軟式だった」といった方が正しいかもしれません。テニス先進国、いや世界のテニスの常識は硬式でした。信三は、ロンドンでテニスクラブに入り、自分も初めて硬式テニスを経験しました。練習によって著しく上達し、テニスクラブの大会で優勝してしまったほどです。

慶應庭球部はこの頃、国内で初めて硬式に転向しました。この勇気ある決断の結果、慶應義塾から熊谷一彌《くまがいいちや》という選手が誕生しました。軟式出身ということは、実は硬式でもプラスに働いたのです。軟式は球速の遅いゴムボールですから、自然とボールを追う習性が身についていました。とれないと思って諦めることがありませんでしたから、硬式になっても恐ろしく球を拾うことができたのです。さらに球の弾みの悪い軟球では、思い切りフォアハンドを引っ叩《ひっぱた》かないと勢いよく飛んでいきません。この強打の習性が、硬式でも武器になったのです。外国人選手の持っていない日本人独自の特技は、世界に十分に通用しました。

日本人が初めてメダルを獲得したオリンピック競技は、実はテニスなのです。慶應を卒業して四年後の熊谷一彌が、大正九（一九二〇）年アントワープ五輪で、シングルス・ダブルスの銀メダリストになりました。翌年には、デビスカップ（テニスの国別対抗戦）で、日本チームはアメリカに敗れたものの準優勝の快挙を達成しました。世界で二位です。今では考えられない偉業です。勇気を持った決断によって、日本のテニスは世界の舞台で華々しく輝くことになりました。

信三の留学は、イギリスに一年、ドイツに二年の計画でした。予定通り、ロンドンに来て丁度一年後、オランダ経由でドイツのベルリンに移りました。ベルリン大学哲学科に入り、経済学に関する多くの教授の講義を、興味を持って聴きました。ドイツの歴史や文学、文化についての知識も学びたいけれど、経済学の勉強をやらないわけにはいかない。語学力が足りないこともあって、信三には焦《あせ》りといらだちがありました。ロンドンにいた時と同じように、ベルリンでも演劇を熱心に観ましたが、リラックスして楽しんだというよりも、真剣に観劇していたのでしょう。

信三は、慶應義塾の雰囲気が体に合ったように、ドイツよりもイギリスの風の方が自分に合っているように感じていました。ベルリンでの毎日は、多少窮屈《きゅうくつ》で、あまり気が抜けないものでした。しかし、ドイツでもまた、信三はよくテニスを楽しみました。四月の日記には、「午後テニスをやる。暑い。調子に乗ってやり過ぎた。滅茶《めちゃ》々々に草臥《くたび》れる。動けない程草臥れた」とあります。テニスをやるとなったら、こんなに疲れるまで練習してしまう信三でした。

ベルリンに来た翌年、大正三（一九一四）年六月のことでした。オーストリア皇太子がセルビア人青年に暗殺されるという事件が起きました。信三は、この日もテニス。プロのコーチと練習試合をして楽勝しています。当日の日記は「午後テニス。一月振りである。ヘトヘトに草臥れた」のみ。この事件については何も記されていません。

この暗殺事件をきっかけに、一カ月後オーストリアはセルビアに宣戦布告しました。これが四年間にも及ぶ世界中を巻き込んだ戦争、第一次世界大戦の始まりとなりました。ドイツ、オーストリア・ハンガリー帝国などの同盟国と、イギリス、フランス、ロシアなどの連合国との対立です。ドイツがフランス、ロシアに宣戦布告し、各国が次々に戦争への道を進みました。その中でも、信三は講義を聴き続けていましたが、ドイツ全土は戦争一色となり、講義も次第に中止となっていきました。

そうして、イギリスがドイツに対して戦争に入ることを決めました。当時の日本は、イギリスと軍事同盟を結んでいましたから、日本はたちまちドイツの敵国となったのです。信三は、その敵国の中に取り残された形になってしまいました。

敵国日本人の留学生が、これ以上ドイツに留まるのは安全なことではありません。信三は、「戦争はそんなに長びかないだろう。平和な世の中にもどったら真っ先にドイツに帰って、計画通り南ドイツの大学に行こう」という考えでした。大きな荷物を置いたまま、手荷物だけをスーツケースに入れて「いずれまた帰ってくるよ」という挨拶で下宿を出て、ロンドンに戻ったのです。

ロンドンに退去した慶應の留学生たち（小泉信三、澤木四方吉、三邊金蔵、小林澄兄）のところに、アメリカのハーバード大学で留学中だった水上瀧太郎も合流して遊学することになりました。若い同窓生の留学研究発表会のような集まりを催し、戦時中ではありながら、随分と賑やかに結束を深めていきました。

はからずも二度目となったイギリス滞在は、ケンブリッジ大学で過ごしました。ケンブリッジ大学は、いくつものカレッジ（当時は十九の学寮）から成り立っている総称です。ドイツから追い出された日本人留学生を、授業料なしで受け入れてくれましたから、信三はいくつものカレッジで講義を自由に聴くことができました。

ケンブリッジの大学街は、ケム川が街を一周して流れています。川に沿った各カレッジの裏庭には、青く美しい芝生が連なります。ボートを漕ぐ学生、川岸を走る学生。舟を漕ぐ学生の横には、馬に乗ったコーチがメガホンで叱咤激励しています。綺麗な水が、澄みわたる空の色を映します。歴史を感じさせる美しい街並みの中に流れる川の景色は、信三のお気に入りでした。川に舟を浮かべ、そこで横になって、よく本を読みました。世界大戦のためではありましたが、大好きなイギリスに二度も訪れることができ、そして美しいケンブリッジで勉強できたことを、信三はとても幸せに感じました。

ケンブリッジの春学期が終わると、信三は再びロンドンに行き、澤木四方吉、水上瀧太郎と一緒に下宿しました。大戦が始まりすでに一年が過ぎ、ロンドンも空襲を受けるようになって

ロンドンにて（大正４年）　左より水上瀧太郎、澤木四方吉、小泉、松下末三郎。

いました。

ロンドンには巽孝之丞《たつみこうのじょう》がいました。父信吉の紹介で横浜正金銀行に入社した巽は、この時ロンドン支店長を務めていました。巽は、昔お世話になった故小泉信吉の息子とその友人たちを毎週のように自邸に招き、親切に世話をしてくれたのです。お世話の恩返しです。ロンドン生活での、大きな楽しみでした。

後に水上瀧太郎は、ロンドンを舞台にした小説『倫敦《ロンドン》の宿』を書きましたが、その作品には巽と信三が登場してきます。信三は、「抜《ぬき》ん出て背の高く、風采《ふうさい》のすぐれている上に、学問のある和泉《いずみ》」として作品に描かれています。

三年という約束での留学でしたが、四年目に入っていました。東京に残した母のことも気がかりです。姉千と、妹勝子が嫁《とつ》いだ後、残った妹信子が母と暮らしていましたが、その妹にも良縁があって嫁いでいきました。戦争がますます激しくなってくる心配もあって、大学からそろそろ帰国してはどうかとの連絡があり、信三は日本帰国の準備を始めることになります。大正四（一九一五）年十一月。信三はロンドンを後にして、イタリアを経由、フランスはパリに渡りました。パリでも澤木四方吉、水上瀧太郎と同宿しました。

世界大戦は三年目になり、パリの街には華々しさがありません。街なかには喪服を着ている女性が目立ち、ルーブル美術館もオペラ座も閉鎖されています。多くの国民が戦争に行き、女の人が電車の車掌を務めるほどでした。

年が変わって翌大正五（一九一六）年二月。信三は、パリを発《た》ち、帰国の途につきます。途中、アメリカを経由しましたが、せっかく訪れたアメリカなのに、ニューヨークに数日滞在したのみで、首都ワシントンも見学せずに日本に帰りました。日本に、そして母一人が待つ我が家に、早く帰りたいという思いがとても強かったあらわれです。

結局、信三の留学は、大正元年九月から同五年三月まで、足かけ五年、丸三年半にわたりました。信三は、この留学中、毎日のように日記を書き、数え切れないほどの手紙を家族に書きました。本当に筆まめな人で、文字を書くのが趣味であるかのようでした。行く先々では絵葉書を買い、最近の様子を書いて知らせました。残念ながら、母に送った手紙はすべて、後の戦争での空襲で焼けてしまいましたが、姉千が嫁いだ松本家への手紙は焼けずにすみました。残された封書十六通、絵葉書六十四通には、姉家族のことを大事に思う、優しい信三の心が文面に表れています。母千賀への手紙がもし残っていたとしたら、どんなに温《ぬく》もりが溢れていたでしょう。

三　教授になる

三月末に留学から帰ってすぐ、大正五（一九一六）年四月から、信三は二十八歳という若さで慶應義塾大学部理財科の教授になりました。留学での経験を活かして、経済原論、経済学史などの講義を持ち、研究会（ゼミナール）も担当しました。研究会というのは、少人数の学生が教授の指導のもとに、あるテーマについて研究して、それについて報告したり討論したりするものです。毎日の講義や研究会には、当然多くの準備が必要になります。それだけでなく、ドイツ語、日本作文などの授業も担当しましたから、帰国早々大変な忙しさです。

信三は、ここでもまた、テニスで培った「異常の努力をなしうる気概」を持って、猛烈なる勉強をして準備にあたりました。中途半端はできない、いいかげんな講義や研究会はできないという考えです。それは信三自身の性格でもありましたが、留学から帰った小泉教授の講義を、毎回楽しみにして熱心に学ぼうとする学生がいるということが、信三の情熱を後押ししていたのです。

教授就任の頃

学生たちは、かつての信三がそうであったように、教授の情熱に惹《ひ》かれて学問の魅力を感じていくようになりました。そして講義の内容だけでなく、ハンサムで堂々としている小泉教授の格好良さにも惹《ひ》かれていきました。信三が、黒の中折れ帽子をかぶっていると、学生たちも真似して、黒いソフト帽をかぶることが流行るくらいでした。

信三の教授時代は、慶應義塾の塾長になるまでの十七年あまりです。講義と、その準備はもちろん大変でしたが、それ以外の時間は、自分の研究に費やすことができました。それに、夏休みも冬休みもあります。

後に教授時代を振り返った信三は、「随分面白い十七年だった」と言いました。ただ、春休みだけは学年末のテストの採点で、かなり苦しみました。期日がせまっても、まだ採点していないテストが山積みになっていると、何で大学教授になってしまったのだろうと嘆《なげ》いた時もあったといいます。お花見の季節は、きまって採点に追われ、桜の花をゆっくり眺めたことがありませんでした。

信三の教授時代は、学者として講義とその準備をするだけでなく、沢山の本を書いた時期でもありました。それは、世界の動き、世界の中の日本の中に動きがあったからです。

信三留学中に始まった第一次世界大戦は、イギリス、フランスなどからなる連合国に対してドイツが降伏《こうふく》し、ベルサイユ条約という講和条約を結び、終局を迎えました。その結果、ドイツは本国の一部とすべての植民地（武力によって獲得して支配している土地のこと）を失い、軍隊の力は制限され、多額の賠償金《ばいしょうきん》を支払うことになりました。

この第一次世界大戦とは、日本から遠く離れたヨーロッパという地域で起こった戦争でありながら、世界全体に対して、そして日本に対しても大きな影響を与える結果になりました。

日本という小さな島国は、つい五十数年前まで「鎖国《さこく》」といって、世界とつきあっていなかったのです。そんな小国が、この世界大戦中に、世界各地への輸出によって、大戦前の五倍もの工業生産となりました。孤立していた日本は、世界の中に位置づけられるようになっていったのです。しかしそれは、戦時景気の一時的なもので、戦争が終われば輸出産業がなくなって不況となり、失業者を生みました。

また、大戦に敗れたドイツに対して戦勝国が厳しい制裁《せいさい》を課したことは、後にヒトラーという独裁者《どくさいしゃ》を生むことになり、それが次なる第二次世界大戦の火種になってしまいました。この第二次世界大戦で、日本は本当に大きな被害を受けることになってしまいます。信三の人生においても、それはとても悲しい戦争になるのですが、それは後に書くことにしましょう。

第一次世界大戦により、後進国ロシアでは、皇帝が絶対的に権力を持つ国の仕組み（専制政治《せんせいせいじ》）を、なんとしてでも変えていこうという動きが始まりました。その結果、ロシアなど四つのソビエト共和国からなる「ソビエト社会主義共和国連邦《しゃかいしゅぎきょうわこくれんぽう》（ソ連）」という社会主義政権の国家が生まれることになります。

社会主義とは、不平等や貧困の原因は財産を私有しているからであって、土地や原料などの生産手段の私有をやめ、それを社会的共有のものとして、平等な社会を作ろうとした考えです。世界最初の社会主義国家が生まれるまでの一連の流れをロシア革命といいます。

これは日本にとっても対岸の火事というわけにはいきませんでした。国内だけでの内乱であれば、他国にとっては関係ないわけですが、ソ連は社会主義、共産主義《きょうさんしゅぎ》という考えを世界中に広げようとしたのです。さらにソ連は、明治時代の日露戦争で負けているので、日本に対してよくない感情を持っていましたから、日本としては常に不気味《ぶきみ》な恐さをおぼえるようになっていくのです。

このように、第一次世界大戦の終結、ロシア革命などにより、日本国内にも、世界情勢の不安が押しよせてくることになってきました。「社会主義」や「共産主義」といった言葉が広まり、それに対する日本国民の関心が高まっていったのです。

世界経済は、多くの国が「資本主義《しほんしゅぎ》」という考えで動いています。つまり、土地やお金を「資本」として会社を作り、そこで働く人をやとって利益を生み出すという仕組みです。この資本主義という仕組みは、お金持ちの支配階級を生み出し、皆が豊かにならない不公平な社会である、と批判するのが共産主義という考えです。

信三は、終始一貫《しゅうしいっかん》して「共産主義」という考えを批判する立場でした。自分の専門分野からの鋭い洞察《どうさつ》で本を書きあらわし、自分の論説を日本国民に示し、注目されていくことになります。社会のあり方について、信三は徹底的に共産主義の立場を批判しましたが、それはただ頭ごなしに感情的になって論じていたのではありません。きわめて冷静に、論理的に、自分の説を主張していったのです。反対側の意見や言い分もしっかり考え、それが決して誤りではなく、むしろ価値あるものも含んでいると理解していました。その上で、それは一部分を大袈裟《おおげさ》に主張したきわめて偏《かたよ》りのある説だとして、同意しなかったのです。

信三と反対意見を持つ学者とは、お互いに論文を書いて、徹底的に意見をぶつけあいました。また、信三と反対意見を持つ立場の人の中に、信三の授業を受けている学生もいました。信三は、敵対する考えを持つ教え子に対しても、理解と尊重の気持ちを忘れませんでした。

これらの論争や、それに関する書物の出版や新聞雑誌への寄稿によって、経済学者として信三の名が高まることになりました。

正しいと思っている自分の考えは、相手が誰であろうと、正々堂々と意見をあらわすこと、それが信三流です。世間の波に決して流されず、大人数の意見になびくこともせず、ぶれない軸を持って、正義を貫《つらぬ》き通す姿勢は、信三の哲学ともいえるでしょう。

日本国内には色々な社会不安がありましたが、信三は慌《あわ》てることなく、焦《あせ》ることもなく、学問の探求という姿勢を守り続けました。そして、これからの険《けわ》しい時代の世の中で、社会に貢献できる立派な卒業生を輩出するのが務めだとして、どっしりと地に足をつけて仕事に専念したのです。

それは、そこに恩師「福澤諭吉」の存在があったからでした。福澤は、いかなる現実にも目を背《そむ》けることなく、いかなる時勢にも生き抜くことのできる塾生を育てました。それが学問の力でした。福澤諭吉の精神は、信三の体にも宿っていたのです。いや、信三は一生をかけて福澤精神を継承していこうと覚悟していたのかもしれません。

四　結婚と家族

留学から帰って教授になった大正五（一九一六）年は、信三が結婚した年でもありました。年の暮れ、十二月のことです。

お相手は、阿部泰蔵《あべたいぞう》の三女とみ。信三の七歳年下です。阿部泰蔵は福澤諭吉の門下生です。慶應義塾の教授にもなりましたが、この時は明治生命保険会社を創立し、社長を務めていました。父信吉の友人でもありました。阿部家は八男四女という大家族です。とみには四人のお兄さんがいますが、四番目のお兄さんの名前が章蔵。そうです、信三の大親友である水上瀧太郎なのです。

水上瀧太郎とは、古くは御田小学校で同級となって以来の付き合いです。慶應義塾普通部に転入したのも一緒でした。学生時代は文学談議《だんぎ》に花を咲かせ、一緒に講義も聴きました。そして留学先でも同宿し、互いに青春時代の時を重ねてきた間柄です。

留学から帰って信三は慶應義塾の教員となりましたが、水上は明治生命に入社して、小説家と会社員という二足の草鞋《わらじ》を履いていくことになります。

大親友の信三と水上は、幼い頃からの長きにわたる付き合いで、互いに信頼し尊敬しあう関係となっていました。特に、水上のひたむきな文学修業の姿は、信三が文学への興味と関心を抱いたことにつながっています。信三が終生、自分の研究分野だけではなく、文学についても深い知識と理解を持っていたのは、親友水上による影響が大きかったのです。

水上は、もともと妹自慢の人で、とみを可愛がっておりました。妹を想う兄が、その結婚相手のことを心配するのは当然のことでしょう。結婚相手は、とみを絶対に幸せにしてくれる男でなければなりません。

水上は親友信三との付き合いの中で、「とみの結婚相手として小泉君はどうだろう」という見方をするようになっていきます。それは、小泉君という親友が、男が惚《ほ》れこむほどの人物であり、妹の旦那《だんな》さんとして申し分ない性格であることを、他の誰よりも知っているからでした。

ロンドン留学中のことでした。下宿のお婆さんや娘さんに対して、信三は親切の限りを尽くしていました。相手が誰であっても、礼儀をわきまえているその紳士的な態度に、水上は「とみの相手には彼しかいない」と確信したのです。そうして、水上は、留学中ことあるごとに、

「嫁をもらうなら、あの妹に優るものはないぞ」「結婚するならとみに限る」と、信三に宣伝し続けたのでした。

信三と水上が御田小学校で出会った頃に生まれたとみ。とみの父泰蔵は信吉と同様に福澤の教えを受け、とみもまた、幼い頃に三田の山上で遊んでいたという共通点がありました。信三の妹信子は、とみと幼い時からの親友で、学校も一緒（御田小学校から香蘭《こうらん》女学校）でしたから、妹の大の仲良しという親しみもありました。信三は、阿部泰蔵をとても尊敬していましたし、大親友が義理の兄になるという縁に、何ともいえぬめぐり合わせと一体感を感じていました。同じ雰囲気の家である安心感と、何より信頼する親友が太鼓判《たいこばん》をおしている花嫁《はなよめ》です。信三は、その猛烈《もうれつ》なる推薦《すいせん》を受けて、すっかりそういうつもりになっていきました。

信三は留学先のパリで、かわいい指輪を二つ買いました。一つは、留学中に結婚した妹信子のためにお祝いのダイヤを。そしてもう一つは、意を決してとみのために買いました。二粒のダイヤの間にルビーを入れた婚約指輪でした。

信三は、こうしてとみと結婚しました。結婚披露宴《ひろうえん》は、不忍池《しのばずのいけ》を見下ろすフランス料理の草分けで有名な社交場、上野精養軒《せいようけん》で行われました。

信三は、自分が新郎となっていることが少し気恥ずかしく、それをごまかすために、出てくる料理をもりもり食べ、出てくるお酒を片《かた》っ端《ぱし》から飲んだといいます。兄章蔵としては大満足な結婚でした。だって、自分の宣伝活動が実り、大切な妹のことを、最高の親友が幸せにしてくれるのですから。

結婚後、信三は神奈川県鎌倉町《かまくら》（現鎌倉市）に新居をかまえました。女手一つで育ててくれた母千賀のことを考えると、三田で一緒に暮らすか、または近所に住んだ方がよかったのかもしれません。しかし、お嫁さんに余計な心配、色々な苦労をさせてはかわいそうだからと、姉の千が鎌倉に住むことをすすめてくれたのでした。

小泉信三・とみ結婚写真

信吉が亡くなってからというもの一所《いっしょ》懸命《けんめい》育ててきた子どもたちは、皆幸せな結婚をして家を出ていきました。千賀は一人暮らしになりました。子どもの結婚は幸せなことなのですが、親としてはさみしかったのではないでしょうか。

とみの実家である阿部の家は、信三の実家に程近い白金《しろかね》の三光町《さんこうちょう》というところにありました。新居の鎌倉からは、時間だけでなく汽車の切符代もかかってしまいます。信三はとみのために、いつでも実家に帰ることができるようにと、汽車の回数券を買いました。

結婚式の二週間後には、鎌倉の家に水上が訪ねて来ました。昼食はとみがいつも以上にはりきって美味《おい》しい料理を作りました。幸せそうな二人の様子に、水上は嬉《うれ》しそうにお酒を飲み、そんな様子を見た信三も嬉しくなって杯《さかずき》を重ねました。さんざん食べて飲んだはずなのに、この後は水上のご馳走《ちそう》で、ホテルのレストランに行って夕食も一緒にとっています。さぞ三人で盛り上がったのでしょう。

年度末の試験や卒業式が終わって、新年度が始まるまでの春休みに、二人は新婚旅行に出かけました。京都や神戸をまわりました。結婚をしたからといって、講義とその準備を手抜きする信三ではありません。結婚前と同様に、いや、それ以上にはりきって勉強しました。

経済学の講義中には、財産という意味で「富（とみ）」という言葉が度々出てきます。よどみなく、なめらかに話している信三でしたが、「富」というところになると、決まって顔を赤らめたといいます。一方とみの方はというと、「この結婚は章さん（章蔵）のおかげだ」と、幾度も感謝して言ったといいます。二人にとって、本当に幸せな結婚でした。

結婚して一年後、とみのお腹に赤ちゃんが授《さず》かりました。鎌倉に新居をかまえた二年後、鎌倉町の産婦人科病院で生まれた赤ちゃんは、男の子でした。大正七（一九一八）年一月、信三が三十歳になる年のことです。早く生まれてしまったこの赤ちゃんは、体重がわずか六百五匁（約二千二百グラム）で、体温が低く、体を湯たんぽ三つで温めなければならない小さな子でした。

この日、信三は朝から大学で講義があって帰りが遅かったために、赤ちゃんとの感動の対面は、翌朝になりました。信三は初めて会ったわが子の様子を、「髪《かみ》の濃《こ》い、眉《まゆ》のハッキリした、鼻の大きな子だ」と日記に残しています。

信三と信吉

生まれて一週間のお七夜に、長男の名前を「信吉（しんきち）」と命名しました。信三の亡き父「信吉（のぶきち）」と同じ名前の字をつけ、読み方を変えたのです。おじいちゃんと孫の名前が同じ字ということになりますが、それはとても珍しいことです。しかし信三は、そうしたいと思って迷わず決めました。

順風満帆《じゅんぷうまんぱん》の結婚生活を送っていた信三ですが、長男信吉が生まれて二カ月後に、呼吸器の病気を患《わずら》いました。肺結核《はいけっかく》の初期症状でした。今であればきちんと治療すれば怖い病気ではありませんが、当時は、肺結核は治りにくい病気でした。それに、レントゲンをとるのに鎌倉から東京まで出かけなければならず、治療の仕方や薬の効果も、今と比べればずいぶんと劣っていたのです。信三はしばらくの間、鎌倉の自宅で静養をしなければなりませんでした。

幸いなことに、大きな痛みも苦しみもなく、静養に専念していればよかったので、信三はここぞとばかりに読書に勤《いそ》しむことができたのです。


ところが、その二カ月後、今度は信吉が病気になってしまったのです。生まれて四カ月の小さな赤ちゃんは胃腸を悪くしてしまいました。顔色は蒼白《そうはく》となり、食欲を失って、ただ眠るだけになってしまいました。痛みに耐えられないのか、大人がするような苦痛の表情を見せては力なく泣き、乳も水も薬も吐き出すようになり、ついには重態《じゅうたい》に陥ってしまったのです。

とみのお母さんが東京から来てくれて、とみと信吉と三人で汽車に乗って東京の病院に運び込まれることになりました。信三はその汽車を見送る停車場で、信吉の顔を見ました。瘦《や》せてしまって、目はカッと見開いたように大きくなり、その目で何かを見つめているのです。信三は、「この子は、もう鎌倉に帰ってこないかもしれない……」と感じました。

翌朝、信三は汽車で病院にかけつけました。院長先生から、「残念ですが、もう手遅れで見込みはないかもしれません」と宣告されました。

信吉の治療が続けられました。小さなベッドに、信吉は目を閉じて横たわっています。お医者様はこう言いました。「もし絶望の淵《ふち》から唯一《ただひと》つ救いの道があるとするならば、この赤ちゃんが自分の生きようとする本能で、乳を飲もうとすることだ」。熱心なキリスト教信者である信三の姉、松本千は、スポイトに入れた乳母の乳を、ひたすらに信吉の口元に一滴《いってき》ずつたらしながら、神様にお祈りを続けるのでした。

信吉の命は、すぐにでも切れてしまいそうな細い糸でつながっているようです。しかし、信三ととみの涙ながらの訴えや、姉千の祈りが神様に届いたのか、信吉の命をつなぐ糸は、毎日少しずつ太くなっていくようでした。

信吉は、ついにはお腹がすいたと乳をせがんで泣くようになったのです。少しずつ元気になってきた信吉は、八月の真夏、朝も昼も関係なく泣き続けました。それは、命の糸が、もう切れないいくらいに太く丈夫になってきた証《あかし》でもありました。とみは、泣き続ける信吉を病院の廊下で抱っこし続けました。そうして信吉を、とうとう治してしまったのです。

三カ月半の入院を経た九月半ば、信吉は生きて鎌倉の家に帰りました。

信三の病も、良くなったり悪くなったりを繰り返していましたが、少しずつ快方に向かっていきました。一年半の静養によって、信三はようやく健康をとりもどしましたが、そこには常にとみの支えがありました。

信三にとってこの病気は、ただ不幸だっただけではなく、逆に何かを得ることができたのでした。それは、大学に戻って講義を行うこと、学生と一緒に学ぶことが、こんなにも有難いことなのかと改めて気付いたことでした。そして父親として、自分と息子の健康の有難さ、命の尊《とうと》さを身をもって感じたことでした。そして何より、二十四歳という若い妻の気力のみによって、病気の夫と息子は支えられたのだという、とみに対する尽きぬ感謝の気持ちでした。

信三は、とみのお蔭で、元の生活に「感謝」の気持ちを抱いて過ごしていくことができるようになったのです。大正八（一九一九）年の五月に、信三は久し振りに教壇《きょうだん》に復帰しました。講義にはいつも以上に力が入り、大きな声で話していたら、喉《のど》を痛めてしまい、数日休むことになってしまいました。

五　庭球部長と木曜会

大正九（一九二〇）年四月、大学令《だいがくれい》によって、文学部・経済学部・法学部・医学部の四学部からなる慶應義塾大学が発足しました。これによって信三は、「慶應義塾大学部理財科」から「慶應義塾大学経済学部」の教授となりました。

四十五歳で塾長《じゅくちょう》になるまでの教授時代十七年間は、若き二十代の青年が、歳を重ねて円熟《えんじゅく》した人間味を持つまでの、重要な熟成《じゅくせい》期間といえます。一人の青年が家庭的にも社会的にも責任ある立場につくには、若さだけが取り柄《とりえ》である時期から、何らかの人格修行《じんかくしゅぎょう》というステップアップは避けて通れません。信三が自身の品と徳を高め、度量《どりょう》を広くしていった過程には、家庭的には父親としてのステップアップ、社会的には教育者としてのステップアップがあったといえるのです。

家庭でのステップアップ。それは子育てをする父親としての成長でした。親は子を無条件に愛します。子どもの成長と同時に、親としても成長していくものなのです。

長男信吉は、生まれてすぐの大病で、医者の「もうだめでしょう」との宣告を受けながら、育っていった子です。父親としての信三が、そんな息子を愛したことは言うまでもありません。鎌倉の家に帰ってきたばかりの頃は、信三の日記には、「信吉よく笑ふ」とか「信吉と遊ぶ」とかいった文言《もんごん》がよく登場します。

しかし、その大病の影響があるのか、発育は遅い子どもでした。お遊びや運動が器用にできなかったことを、親は当然のことながら心配しました。「信吉歩行を始《はじ》む。一家皆な喜色《きしょく》あり」とある日記は、信吉一歳八カ月の時のことでした。

信吉が四歳になった大正十一（一九二二）年三月に、長女加代《かよ》が生まれました。信三が三十四歳になる年のことです。その三年半後、大正十四（一九二五）年九月には、次女妙《たえ》が生まれました。信三は三十七歳になっていました。

信吉、加代、妙の三人の子どもに恵まれた信三は、子煩悩《こぼんのう》な父親でした。家庭を大切にする父親でした。しかし、信三は自分の父親を六歳で亡くしていますから、父親というものがどういうものなのか、よく分かっていなかったのです。自分の父親との思い出や記憶がある人は、それが一つの指針《ししん》となり参考になります。ああ、あの時お父さんはこう怒ったなあといった経験が、父親となった自分に無意識に大きな影響を与えているものです。そういった経験がない信三にとっては、まったくの独学で父親をつとめることになったのでした。

子どもたちとはよく遊びました。キャッチボールもしたし、相撲《すもう》もとりました。クリスマスにはプレゼントを手渡し、旅先からは手紙を書き、外国へ行った時はお土産も忘れませんでした。それらは、信三と父親との思い出ではなかったけれど、すべて父親にやってもらいたかったことだったのかもしれません。

結婚した時に新居を構えた鎌倉から、三度の引越しをしました。最初の引越しは加代が生まれた翌年のことです。関東大震災《かんとうだいしんさい》があって、鎌倉から母千賀が住む三田の旧居に越しました。その後、麻布本村町（今の南麻布あたり）にある親戚の持ち家である洋館を借りていたことがありました。信吉は、この家から三田の幼稚舎に通いました。三度目の引越しは、妙が生まれる年の夏のこと、北品川御殿山《ごてんやま》に新築の家を建てて越しました。高輪《たかなわ》の開東閣《かいとうかく》（岩崎家別邸）の正面、今はラフォーレホテルの車出入口がある辺りです。

この御殿山の家で、三人の子どもたちが揃って育ちました。三田綱町《つなまち》に越すまでの十八年間。御殿山での毎日は、信三が「父親」として育っていった場所とも言えるでしょう。

教育者としてのステップアップ。それは、「常に学生と共に在《あ》る」ということでした。学生との時間を大切にし、多くの時間空間を共有しました。そのことによって、学生もまた自分と同様に精一杯生きていることを知り、信三自身も学んでいくことができるのです。

通常の講義の他に、学生と共に過ごした濃密な付き合いに、庭球部長と木曜会《もくようかい》という二つの機会を挙げることができます。

加代の生まれた大正十一（一九二二）年から、信三は慶應義塾体育会庭球部の部長をつとめることになりました。

庭球部は自分のルーツであり、故郷のようなものです。頑強な精神を徹底的に鍛えあげられたのは、庭球部生活があったからでした。あの気概があってこそ、今の気概がある。学生を間近に見ることは、学生だけでなく自分自身をも高めることができるのです。信三は、庭球部長になってほしいという申し出を、喜んで引き受けました。お世話になった庭球部に対して、心からの恩返しがしたい、という気持ちもあったかもしれません。

庭球部長に就任した当初は、早稲田の黄金期であり、誰の目から見ても慶應は歯が立たなかった時でした。部員の目標は、当然「早稲田に勝つこと」です。本来ならば、学生の異常なほどの士気や興奮をうまくなだめて落ち着かせるのが、年長者である部長の役目であったのです。ところが信三は学生とは十歳程度しか離れておらず、まだ三十四歳という若さだったものですから、部長自らが完全に部員に共感し、共鳴したわけです。まさに部長と部員が一致団結して「打倒早稲田」の目標に向かって突き進むことになりました。

庭球部員と小泉（昭和２年頃）　甲子園コートでの合宿を訪れて

信三は、試合に勝つために、努力と辛抱《しんぼう》を絶対に避けない真剣な練習と、フェアプレイの尊さを徹底的に指導しました。選手を奨励《しょうれい》したその方法は、「ただ常に彼等と共に在る」という一言に尽きます。学生と共に日を重ね、そうして勝負に一喜一憂しました。学生たちの輝かしい青春時代に共感し、同時に自分も青春時代を過ごしているようなものでした。

早慶戦連敗のチームが連勝に転換したのは、昭和二（一九二七）年のことでした。その頃信三は、長年取り組んでいた経済学の研究として「リカアドオ経済原論」を翻訳している時でした。翻訳は毎日六時間行えば、予定の期日までに書き終えることができる見通しが立っていました。信三は、午前中に三時間集中して机に向かい、休憩をはさんで午後一時からまた机に向かいました。そして一日六時間という仕事がきっかり終わる午後四時になると、書いている行が途中であったとしてもペンを置いて着替え、学生が練習している大森コートまで向かうのです。それが信三の日課でした。コートでの猛練習を、信三は厳しく温かく見守りました。そして激しい練習が終わると、選手たちに「どうだい調子は」と声をかけ、コート近くの合宿所まで一緒に歩いて話しました。時には腹をすかせた選手たちに中華料理をご馳走することもありました。

早慶戦の前日には、ポテトの他に鶏《にわとり》、ハム、卵、人参《にんじん》、胡瓜《きゅうり》などが入った小泉家特製のポテトサラダをたくさん作って、大森の合宿所まで差し入れました。必勝祈願ポテトサラダの差し入れは、部長をやめた後も続きました。

早慶戦の応援には当然かけつけました。信三が庭球部長を務めた昭和七（一九三二）年までの十年間で、宿敵早稲田に負け続けていたチームは、早慶戦に連戦連勝のチームとなり、「庭《てい》球王国慶應《きゅうおうこくけいおう》」と呼ばれるまでになりました。国内の学生大会はもちろん、全日本選手権でも現役選手から優勝者を輩出《はいしゅつ》しました。デビスカップに出場し、世界で七位にランクされた若き

ＯＢ原田武一《はらだたけいち》の世界での活躍が、そのまま学生のやる気につながりました。

原田はパリ五輪をはじめ世界を転戦し、五度のデビスカップではシングルス通算十九勝四敗、四大大会には八度出場し、デビスカップ対フランス戦では、当時の世界ランク一位の選手を破りました。日本人初の五輪メダリストとなった熊谷一彌《くまがいいちや》は、全日本選手権でも上位に入る現役選手六人の練習の相手をして、それぞれ二セットずつ、十二セットを立て続けに片付けたといいます。熊谷が三十歳台後半の頃ですから、その体力と精神力には驚かないではいられません。身近にこんなに強い先輩がいることが、学生に不断の努力を続ける雰囲気と土壌《どじょう》を作り上げてくれたのです。それはまさに、小泉部長と、その教え子であるＯＢと、現役学生が一緒になって築き上げた「庭球王国」の姿でした。

庭球部の学生とのつきあいの他に、「木曜会」と呼ばれたものがありました。大正十三年に始まったこの会は、ゼミナールのメンバーが中心となった集まりでした。一週間の授業が終わる木曜日の晩に、ゼミの仲間たちが小泉宅に集まって、夜遅くまで研究会の話の続きをするのです。はじめは火鉢《ひばち》を囲んで、意見を交換したり、雑談を交わしたりする小さな話し合いの会でしたが、いつしかメンバーが増えていきました。

麻布本村町時代に始まった「木曜会」は、品川御殿山の新居に越してからも続きました。ある晩は、八畳一間に二十八人がひしめきあって座ったこともありました。お茶も運べないと困ったとみが、増改築を提案して、納戸《なんど》をつぶして座敷にしたり、隣の部屋とくっつけて広くしたりと、改造したほどでした。

この「木曜会」がひそかな人気になり、「小泉教授のお家で、なんだか面白い話が聞けるらしいぞ。一緒に行かないか」と評判になっていきました。ゼミナールと関係ない新入生だったり、大学の卒業生だったり、毎回数十人が集まりました。そうなると、参加者が互いに学問研究について話し合う、というわけにはいかなくなり、結局信三が何らかのテーマで話すことになったのです。といっても、難しい話ばかりではなく、時には好きな女優の話など、雑談を楽しむ会でもありました。

信三が忙しくなると、「木曜会」は月一回（第一木曜日）になりました。さらに参加者が増えていき、時に五十人、六十人、最高記録で七十人の出席者があったほどでした。天井が落ちるのではないかと心配して、建築家に大丈夫かどうかを聞いてみると、全員が一斉に立ったら危ないかもしれない、とのこと。随分危険な雑談の会でした。しかも小泉家には、普通の家が当然そうであるように、六十人分もの湯飲み茶碗を揃えていません。隣に住む親戚からお茶碗《ちゃわん》

木曜会のメンバーと小泉家の人びと

やら座布団《ざぶとん》などを借りていました。次女妙は、普段は「木曜会」が行なわれている部屋で寝ていたのですが、この日は出席者の帰りが遅くなるので、妙は階段を隔てた隣の六畳間で寝ることになっていました。さあ寝ようと思って階段をのぼって部屋に行こうとすると、「木曜会」の座敷に入りきらずに廊下にいる人が、「誰が来たのかな」「お茶菓子が出るのかな」と一斉に注目します。妙は恥ずかしくて大急ぎで寝室に入るのでした。

父信三の声が遠くに聞こえます。すると五、六十人の人たちが賑やかにどーっと笑うのです。妙は、「『ゴー』と風が鳴るような笑い声、あのざわめきは私の好きなことのひとつです」と懐古《かいこ》して言いました。

それだけ大勢の人が、一斉に御暇《おいとま》する光景を想像すると面白いものです。ぞろぞろと、次々に家から人が出てくる、出てくる。いったい何の集まりがあったのだろうと、不思議がる通行人もきっといたでしょう。ある時は、警官に不審がられて呼び止められたこともあったといいます。その後、信三は慶應義塾の塾長になり、来客も増えたので、一九三六（昭和十一）年に二度目の増築を行いました。

「木曜会」は、こうして十八年間も続いたのです。一九四二（昭和十七）年十一月の集まりを最後に、休会となりました。戦争がますます激しくなったこと、塾長として多忙をきわめたことなどが理由です。そしてこのまま「木曜会」は自然消滅という形になりました。

信三は「木曜会」において、学生と共に語ることの楽しさを感じ、誰よりもこの時間を大切にしていたのです。

第三章　塾長時代

――戦争の中で

一　塾長になる

庭球部長として学生と共に生活するうちに、たちまち十年という月日が過ぎました。早稲田に勝つことが人生そのものの目的であるかのように、学生が思いを込めるのと同様に、信三にとっても第二の庭球部生活であるこの十年間は、忘れられない輝いた毎日でした。

いつしか信三は、四十四歳という年齢になっていました。庭球部長には特に決められた任期はなく、十年経ったから交代しなければならないという規定はありません。しかし信三は、教授として他にしなければならないことが山のように残っている、と感じていました。ここが一区切りと決意して、庭球部長の後任を推薦して、辞任を申し出ることにしました。

庭球部長を辞任した翌年、慶應義塾の評議員会《ひょうぎいんかい》（教育に関する学事面ではなく、学校法人としての管理運営に関する最高の決議機関）からの推薦を受けて、信三は慶應義塾の塾長にならないかという勧《すす》めを受けました。

評議員会には、父信吉の友人や後輩が多くいました。信吉が亡くなった時に、「小泉家の将来を面倒見てほしい」と福澤諭吉から頼まれた人もいました。信三に塾長をやってほしいと思う人は多くいたのでしょう。

信三は、突然の申し出に驚き、そして悩みました。もったいないほどに光栄なお勧めであることは分かっています。しかしあまりのことで、おじけづいてためらってしまったのです。この時の信三は四十五歳でした。教授としては脂《あぶら》が乗った時期といえますが、塾長となるとどうでしょう。どこの学校でも、そんなに若い総長・学長はいませんでした。

信三は、しばらく決断できないでいました。もともと信三は、学者・研究者として自分の学問を究めることは好きでしたけれど、学生を教育するということはあまり好きではないというタイプの教授でした。ところが、庭球部長としての十年間で、信三は自分の中に教育者的傾向があることを知りました。今まで気付かなかったけれども、学生を教育するということの素晴らしさと、決して自分はそれが嫌ではないという面を発見したのです。

塾長になるべきか、それともお断りすべきかを悩みながら、庭球部の学生との十年間を思い起こしました。もちろん部員が数十人の一運動部と、塾生一万人以上の大学は、決して同じではありません。しかし、常に学生と共にいて、その一人ひとりの個性を尊敬し、その成長を支

塾長就任の頃

えるという一先輩の仕事としては、庭球部と同じではないか、と考えたのです。ためらう自分に、なんとかそう言い聞かせているようでもありました。

「そうだ。大きな庭球部のようなものだ」

庭球部員と過ごした十年間という歳月が、心の中に勇気をもたらせてくれました。そっと優しく背中を押してくれるようでもありました。庭球部員を励ましていた信三は、庭球部生活に励まされて、塾長になることを決心しました。

昭和八（一九三三）年十一月、信三は四十五歳という若さで慶應義塾長に就任しました。親子二代で慶應義塾長を務めることになり、母千賀は誰よりもそれを喜んだことでしょう。信三が塾長になった年齢と、父信吉が亡くなった年齢は、偶然にも同じ四十五歳でした。信三の心の中には、多くの不安と同時に、お世話になった福澤諭吉先生への恩返しをするのだという決意がありました。また、同時に、亡き父を知る旅の始まりでもありました。信三が六歳の時に父信吉は亡くなっています。父との記憶は断片的で、父がどんな性格でどんな考えを持っていたか、信三には推測の域を超えて知る術《すべ》もありません。父を知らないからこそ、父を知りたいし、知らなければならないのです。自分が父と同じ塾長という立場で頑張ってこそ初めて、父を近しく感じ、父のことを知ることができるかもしれない。信三はそう考えたかもしれません。

母千賀は、塾長夫人となったとみを連れて、福澤家にご挨拶に行きました。福澤諭吉の長男であり、元塾長でもある福澤一太郎《いちたろう》さんにご挨拶すると、「小泉信三さんが塾長になったのは衆目《しゅうもく》の見るところだ」と言ってくださいました。

塾長になった信三は、就任の挨拶で学生にメッセージを伝えています。在学中に心身共に鍛《たん》錬《れん》し、身体も心も共に強く逞《たくま》しい人になってほしい。そして、ことにあたって必ず信じるところを言い、言うところは必ず行って挫折《ざせつ》しないという強く逞しい人になってほしい、ということでした。

さて新塾長がまず着手したのは、ほとんどの学部や諸学校が三田に集中しているために生じている、狭苦しさとゆとりのなさを解消することでした。

慶應義塾の土地である三田は、明治三（一八七〇）年に福澤諭吉が島原藩《しまばらはん》から借り受け、その後買い上げた敷地です。学校が発展して大きくなるにつれて、どんどん狭くなっていきました。医学部が四谷信濃町《よつやしなのまち》に移ったものの、慶應義塾の規模としては、かなり窮屈《きゅうくつ》な丘の上でした。

三田の他に敷地を探して、施設の一部を移転させようという考えは、ずいぶん昔から考えられてきたことでした。前塾長の林《はやし》毅陸《きろく》から信三へと、二代の塾長に引き継がれたのは、神奈川県日吉台《ひよしだい》（現在の横浜市港北区日吉）に校舎を建設するという大事業でした。有難いことに、東横電鉄《とうよこでんてつ》（現在の東急電鉄）から、沿線の土地を提供してもらい、隣接した土地を買い、敷地にして十二万坪《つぼ》を越える広さのキャンパスが可能になりました。

信三は日吉建設に全力を注ぎ、総額三百万円（現在でいえば数百億円）にのぼる資金を集めるために、全国各地を回りました。卒業生の集まりである三田会を、結びつきの強い組織に育て上げたのは、林前塾長の努力があったお蔭でした。信三は、募金の仕事と新塾長の挨拶の二つの意味で、各地の三田会を訪ね、親しく話をして応援を求め、母校を思うＯＢの心をつかみ、無事に募金活動の目標額を達成したのです。

信三の日常は、塾長になってからというもの、目の回るような忙しさでした。三田会の歴《れき》訪《ほう》、記念講演、そして三田では「社会思想史」の講義がありました。そのような中、信三は前年提出した論文「リカアドオ研究」によって、慶應義塾から経済学博士《けいざいがくはくし》の学位を授与されました。また、アメリカのハーバード大学創立三百年祝典に参列し、慶應義塾のために多くの教授に来ていただいたことや、塾の卒業生を多く受け入れてくれたことに対する感謝を伝えました。ハーバード大学をはじめ、マサチューセッツ工科大学、コロムビア大学など、アメリカ各地の教育施設や教育事情を三カ月にわたって視察するという慌《あわただ》しい渡米でした。信三は、この間、参考書籍三百冊を買い、各大学の報告書三百点を手に入れて、日本に持ち帰りました。

信三はこうした大事業と様々な責任を平然と背負いました。着々と計画通りに、多くの仕事をこなしていきました。

信三が目指していた慶應義塾のあるべき姿とは、どういった学校だったのでしょう。それは、英国の大学とドイツの大学の、その両方の長所を知ることでした。英国の学校の長所とは、理屈抜きに感じる伝統の力が学生の誇りとなることです。教室の内と外、また寄宿舎《きしゅくしゃ》や競技場において、教師と学生の付き合いや学生同士の付き合い、卒業生の存在など、言葉で表すことができない伝統の雰囲気が、人の心に影響を与えているというものです。一方、ドイツの学校の長所とは、大学がその国最高の学問の中心であるとする考えです。

信三の抱いている慶應義塾の使命とは、その両方の長所を兼ね備えているという学校でした。とても高い志をかかげていると言えるでしょう。

しかし、それは、明治維新後の慶應義塾が、福澤諭吉のもとで行ってきたこと、そのものでありました。つまり信三は、福澤諭吉以来、慶應義塾が大切にしてきた志を、今改めて新しい覚悟を持って全力を尽くしていこう、という決意を表したのでした。理想を置き、その実現に向かって努力していく道には、多くの困難があるのは当たり前です。それを越えてこそ目標達成があるのだという信三の「気概」に他なりません。

こうして日吉には、大学予科《よか》、広大な運動場、寄宿舎を建設し、三田に残った大学各学部の校舎を改築し、新たに研究室を新設することができました。

さらに昭和十一（一九三六）年には、三田にあった幼稚舎を、広尾《ひろお》天現寺《てんげんじ》の現在地に新築し、翌年にかけて移転することができたのです。この新しい幼稚舎の敷地は、隣につながっていた福澤家別荘庭園の一部を譲り受けたものでした。うっそうとした森を越えると、福澤先生の別邸が残っていました。広い校庭の真ん中には、幼稚舎のシンボルとなったケヤキの木がどっしりとそびえ、どの教室にも明るい太陽の光がさしこみ、教室からはすぐにグラウンドやテラスに出られる本館の設計は、築七十五年以上経った今でも、その十分な機能性が評価されています。

信三が塾長になってからというもの、慶應義塾としての総合的な基礎はかたまりました。天現寺、三田、日吉、四谷。現在ある慶應義塾の施設のほとんどが、こうして築かれていったのです。

三田の大学校舎は、従来の木造から鉄骨コンクリート造《づくり》などの燃えない頑丈《がんじょう》な校舎に新築されました。昭和十二（一九三七）年には、日吉と三田の拡張工事がほぼ完了して、新しい校舎、新しい教室で、学生たちは熱心に勉強を始めることができるようになったのです。

しかし慶應義塾にとって、かねてから問題になっていて、まだ解決されていないことが一つ残っていました。それは、理工系の学部の設置でした。昭和十三（一九三八）年六月、慶應義塾の卒業生で、王子製紙《おうじせいし》社長として「製紙王」の異名を持った藤原銀次郎《ふじわらぎんじろう》が、次のような申し出を信三のところに持ちかけました。

「製紙業界で得た私財八百万円を投じて、工業教育のために捧げたい。そして完成した暁《あかつき》には、全て母校慶應義塾に寄付したい。だからその塾長である小泉君が、藤原工業大学の学長になってもらえないか」という依頼でした。信三の十九歳年上である藤原とは、十数回におよぶ話し合いの機会を持ちましたが、両者の考えの食い違いがあって、交渉はなかなか進みませんでした。

「すぐ役に立つ人間を作る」という藤原の考えに対し、「役に立つ人間にするには基礎的理論をしっかり教えることが必要だ」という考えが信三にはありました。工業地帯に近い場所を大学の候補地に考える藤原に対し、信三は日吉開設を希望していました。色々な理想のすれ違いがあったのです。

一年近い時間をかけて、藤原と信三は互いに歩み寄って理解を深めていきました。信三の熱心で筋道の通った正論に、藤原がすっかり了解したという形でした。

昭和十四（一九三九）年五月、藤原工業大学の設立が認められ、信三はその学長に就任しました。そして日吉の塾生に藤原工大についての話をして、互いに打ち解けて親しくしていこうと説きました。藤原工業大学の初代学部長になった谷村豊太郎《たにむらとよたろう》は、「すぐに役に立つ人間は、すぐに役に立たなくなる人間だ」と信三と同じ考えを示し、基礎的な研究を尊重していくことになりました。こうして藤原工業大学は、機械工学科・電気工学科・応用化学科の三つの学科からなる、大学予科三年・本科三年の六年制の大学となり、私学としては初めての工業単科大学となりました。

七月八日、日吉台の慶應義塾大学予科小講堂で、藤原工大入学式が行われました。記念すべき第一期生の人数は百九十八名でした。信三は、「自我作古（我《われ》より古《いにしえ》を作《な》す）」という福澤諭吉の言葉を使って、第一期生の栄誉と責任の大きさを説きました。この言葉は、福澤塾を慶應義塾と命名した慶応四年『慶應義塾之記《けいおうぎじゅくのき》』に、福澤諭吉が強い気概で宣言した言葉です。「これから我々がやろうとしていることは、誰も行ったことのない新しい分野であるけれど、色々な試練や困難に負けずに、勇気を持って進んでいこう」というような心意気を表し、塾の使命と精神を明らかにしたものです。信三によって七十年振りに蘇《よみがえ》った福澤諭吉の言葉でした。

「自我作古」。信三が福澤の言葉をひいたことには大きな意味がありました。なぜならば、私学が、その創立者の精神を十分に理解して、それを受け継いでいくことこそが、私学存在の意義だからなのです。信三は、別に意識して福澤の言葉をひいたのではなく、もともと福澤研究をしてきたからこそ、このタイミングで湧き出るように引用したのでしょう。

新しい学校を作るにあたって、藤原工大の学生と慶應義塾の塾生に対して、分け隔《へだ》てなく福澤諭吉のこの言葉を伝えたことから、信三の言葉の強いメッセージ性を学生は感じとっていきました。

第一期生を卒業させた年、藤原工大は約束通りに慶應義塾大学工学部（現在の理工学部）となったのです。先輩の善意による母校への寄付を、工学部という形として実を結ばせたことは、信三にとって苦労のし甲斐《がい》があった大きな仕事でした。

二　塾長訓示

信三は、塾長として何を重視していたのでしょうか。それは、福澤諭吉が述べた「慶應義塾の目的」に表されています。

「慶應義塾は単に一所《いっしょ》の学塾《がくじゅく》として自《みず》から甘《あま》んずるを得《え》ず。其《その》目的は我日本国中《わがにほんこくじゅう》に於《お》ける気品の泉源《せんげん》、智徳《ちとく》の模範《もはん》たらんことを期《き》し、之《これ》を実際にしては居家《きょか》、処世《しょせい》、立国《りっこく》の本旨《ほんし》を明《あきらか》にして、之《これ》を口に言ふのみにあらず、躬行実践《きゅうこうじっせん》、以《もっ》て全社会の先導者《せんどうしゃ》たらんことを欲するものなり」

信三は、「気品の泉源、智徳の模範」であることを慶應義塾の教育の軸とし、それを色々な形で学生に語りかけました

「自我作古」という言葉を説いた頃から、信三は頻繁《ひんぱん》に「徽章《きしょう》」という言葉を使っています。「徽章」とは、旗じるしの模様《もよう》という意味ですから、塾の場合は、ペンマークということになります。大阪での三田会では、「徽章に光輝《こうき》あらしめよ」という講演を行っていますし、

塾生には「塾の徽章」と題する講話を行い、それを印刷して学生たちに配布しました。

二本のペンが交差しているペンマークは、慶應義塾のシンボルとして広く親しまれてきている図案です。しかし、その制定の由来は諸説あるようです。これまで塾には定まった紋章がなかったので、福澤諭吉が塾生に考案を依頼してペンマークができたという説や、何人かの塾生が和服ではなく洋服（学生服に学生帽）をあつらえて、その帽子に自分たちで考えたペンマークをつけたという説などもあります。はっきりしているのは、明治二十年頃に塾生が図案を考えて、それが自然に定着していったということです。そして、英文法の教科書にあった成句「ペンには剣《けん》に勝る力あり」（The pen is mightier than the sword.）からヒントを得て、塾生は武力（剣）ではなく言論《げんろん》（ペン）の力をつけようということを示そうとしたのです。

「ペンは剣よりも強し」の原典は、十九世紀のイギリス人の小説家・劇作家であるリットンの戯曲と言われていますが、明治四年創立の共立学校《きょうりつがっこう》（現在の開成《かいせい》中・高等学校）の校章も「ペンは剣よりも強し」を図案化したもので通称「ペン剣」と親しまれています。ですから、この言葉は明治初年の学生たちに親しまれた有名な成句《せいく》・格言《かくげん》だったのでしょう。

「塾の徽章」の講話を学生に行ったのは、昭和十四（一九三九）年の暮のことになります。

信三は、塾の徽章の光輝を塾生全員で守っていこうと、熱意を込めて分かりやすい文章で、学生に説きました。一人の名誉は全員の名誉ですが、反対に一人の不面目《ふめんぼく》が全員の不面目となってしまいます。友人と協力し、励まし合い、戒《いまし》め合って、塾の徽章の光輝のために力を尽くし、もしそれに相応《ふさわ》しくない行動をする者があったら、見て見ぬふりをしないで、親切に注意していこうと述べました。

また、容儀礼節《ようぎれいせつ》の重要さを説きました。容儀とは、礼儀にかなった端正《たんせい》な身だしなみを言います。不潔やふしだらな服装を厳しく戒め、食堂で帽子をかぶったまま食事することなどは不躾《ぶしつけ》だからやめなさいと述べました。礼節とは、礼儀と節度をいいます。礼儀を知らないということは、あの人は道徳上の馬鹿であるということを意味することになるから、十分気をつけなければならないと書いています。容儀礼節というものは、もちろん外見上のことであるかもしれません。しかし形を正すということは心を正すことの第一歩であり、形が乱れているということは心が乱れていることの表れです。塾生の容儀礼節を高くすることが、慶應義塾の名を輝かせることにつながると説いたのです。

この講話に共感し、大いに発奮し、自ら率先して「気品の泉源、智徳の模範」であろうとする塾生を、信三は大いに励ましました。そして、塾生が通学で利用する電車では、老幼婦女《ろうようふじょ》

（お年寄りや小さい子どもや女性）が安心して乗り降りできると言われるようになってほしいと書きました。自分のお母さんや姉妹が他人にどう接してもらいたいかを考え、そのように他の婦女にも接しなさい、それが日本の婦女の地位のために戦った福澤先生の門下生として、必ず塾生が守らなければならないことですよ、と説いたのです。

「塾の徽章」に書かれた内容は、今の私たちにも十分あてはまるような気がします。通学の路線ではどうでしょう。慶應の学生がいるから安心だと思ってもらっているでしょうか。うるさいから別の車両に移りましょうと思われていないでしょうか。当時は、安心だと思って慶應の学生の前にあえて立ったといいます。

信三が熱く語ったことは、道理にかなった正しい考えです。しかし、たとえそれが正論であったとしても、頭からそれを理解して、心からその正しさと尊さを知り、それを実行にうつすことは、決して簡単なことではありません。塾長がそう言ったからといって、すぐに全員が容儀礼節で品のある人間にはなれないでしょう。簡単なことではないけれど、自分はそうしていきたいと常に心に抱いていること、そうであるよう行動していくことは、ある種の訓練が必要になってくるのです。「練習」と言い換えてもよいでしょう。信三は、その練習の必要性も伝えたかったのです。そして塾生にそう伝える以上、自分自身もまた、厳しく自分の言動を律《りっ》していったのです。

翌年、昭和十五（一九四〇）年は、信三にとって一生の不幸ともいえる悲しい出来事がありました。それは、御田小学校以来の親友であり、生涯の友、義理《ぎり》の兄である水上瀧太郎の早すぎる死でした。

まだ寒い三月末の夕方のことでした。勤務先の明治生命保険会社での講演中に、水上は脳溢《のういっ》血《けつ》で倒れたのです。今のように携帯《けいたい》電話などない時代ですから、こんな緊急時であっても信三に連絡する術《すべ》がありませんでした。結局、信三は帰宅してからそれを玄関で知りました。愕然《がくぜん》とした表情で、腕を振り上げ、力を込めて振り下ろしました。何ともしようのない無念さを表す仕草でした。信三がとみを連れてかけつけると、水上は意識を失ったままでした。その後、激しい二度目の脳溢血に襲われて、信三の見ている前で亡くなったのです。五十二歳という若さでした。深い悲しみのうちに帰宅した信三は、コタツでうたた寝をしてズボンをこがしました。水上という親友を喪《うしな》って、心の底からがっくりと気落ちしてしまったのでしょう。

水上は、弱い人を見ると助けてあげようとする気性《きしょう》を持っていました。生活にやましいところがなく、誠実さと清い愛情によって多くの人から愛されました。信三は、何でも話し合える唯一の友から、実に多くを学びました。それゆえに、水上の死は、信三にとって大きな大きな損失でした。人の世には、愛する者と別れる苦しみがあるものです。愛別離苦《あいべつりく》といいます。信三は多くの大事な人を先に喪ったのですが、最も落胆《らくたん》したのが、この時でした。とみの無念は、どんなにか大きかったことでしょう。大好きな優しい兄でした。妹の幸せを誰よりも強く願い、「妻にするならとみが一番」と、親友信三にしきりに宣伝してくれたのですから。兄のおかげだと、いつも感謝していたとみでした。その後信三は、水上の作品をまとめた『水上瀧太郎全集』編集委員会の実行委員となって、愛する親友を弔いました。

　水上を喪ったこの年の十月、信三は、大学と高等部の教職員と学生代表を招き集めて、学事改革の内容を伝えました。そしてそれが基になって、塾生に訓示《くんじ》することになりました。「塾長訓示」は、以前「塾の徽章」の講話で伝えた、常日頃心がけていなければならないことの要点をまとめたものです。「心してそれを守り、決して塾の徽章の名誉を傷つけることがないように期待する」との前置きがあり、続いて五箇条《かじょう》からなる「訓示」を示しました。

二　塾長訓示

一、心志《しんし》を剛強《ごうきょう》にし容儀《ようぎ》を端正《たんせい》にせよ。
一、師友《しゆう》に対して礼あれ。
一、教室の神聖《しんせい》と校庭の清浄《しょうじょう》を護《まも》れ。
一、途《みち》に老幼《ろうよう》婦女《ふじょ》に遜《ゆず》れ。
善《ぜん》を行《おこな》ふに勇《ゆう》なれ。

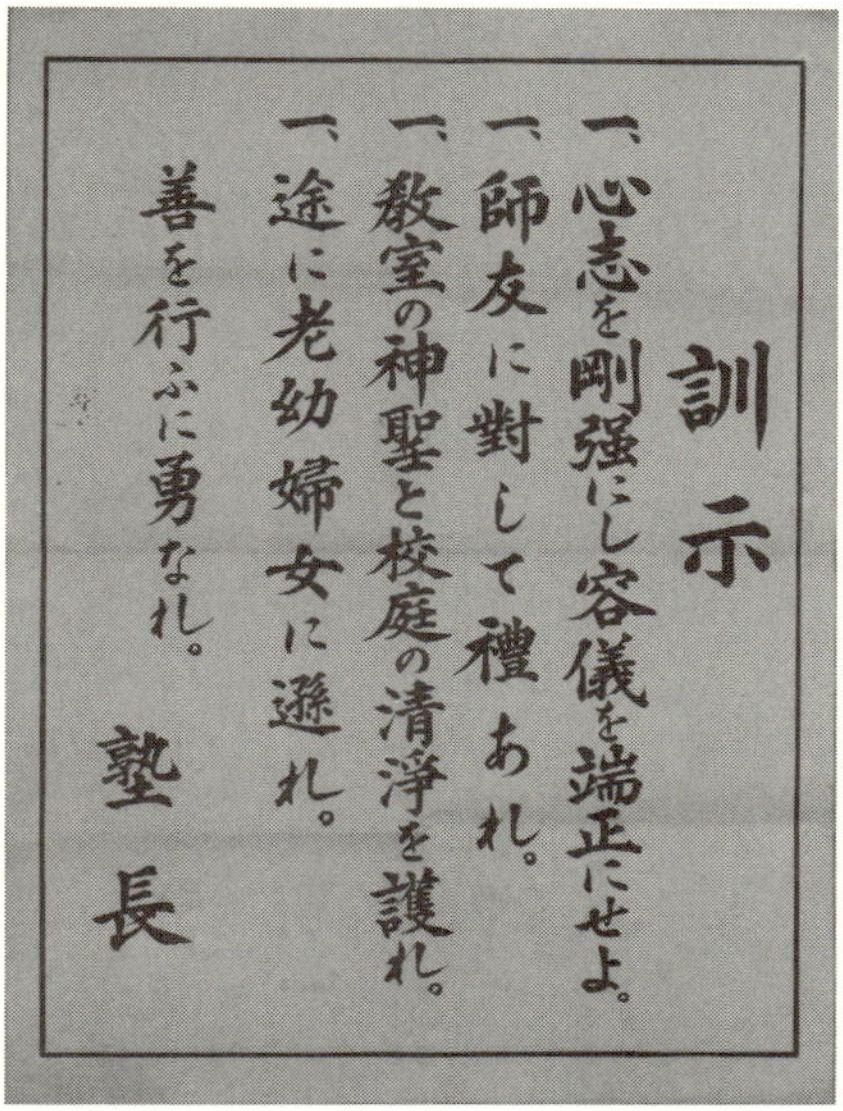

訓示

一、心志を剛强にし容儀を端正にせよ。
一、師友に對して禮あれ。
一、教室の神聖と校庭の清淨を護れ。
一、途に老幼婦女に遜れ。
善を行ふに勇なれ。

塾長

塾長訓示

この訓示を各教室に掲《かか》げ、さらに各箇条の意味の説明を添《そ》えた小さな紙きれを印刷し、全塾生に配布しました。そしてその「訓示」をいつも持っているように言ったのです。

一つの大学の学長が、このように学生全員に注意を教え示し、さらにその約束の紙を常に持たせる、ということはとても珍しいことと言えるでしょう。しかし、容儀礼節を重んじることは信三の信念であり、信三の考えた塾の使命であったのです。正しいことを知りながら、それを行っていないのなら、正しいことを知らないことと同じです。ほんの僅《わず》かな勇気がなくて正しい行いができないのなら、日頃から常に正しい行いをするのだと心に留めていなければなりません。容儀礼節を高めることで、品や徳が自ずと備わってくるものですが、それは人に言われてしぶしぶ従うというものではないのです。

信三が訓示した意図は、厳しく規則に従わせるという意味ではありません。厳しく心を鍛《きた》え続けていくために必要なかなりの覚悟は、学生自らが進んで行わなければならないのです。それに自分で気づき、自らを厳しく律していくことができるようにと働きかけたのが「塾長訓示」だったのです。

多忙をきわめた塾長時代ですが、楽しいこともありました。毎年の夏、小泉家の家族親戚《しんせき》一同で長い夏休みを過ごすことでした。

信三には姉と二人の妹がいます。姉千は松本家に嫁《とつ》ぎ、妹勝子は横山家に、下の妹信子は佐々木家にそれぞれ嫁ぎ、家族を持ちました（勝子は、昭和六年に四十一歳で亡くなっています）。小泉家を含めた四家族が、御殿場《ごてんば》の別荘村の一画にそれぞれ山荘を建てて、夏の間中、一緒に過ごしていたのです。

まず松本家が家を建て、佐々木家、横山家が続きました。信三家族は家を持っていなかったので、姉か妹の家に泊めてもらっていました。初めて御殿場を訪れたのが昭和五（一九三〇）年、長男信吉が十二歳、長女加代が八歳、次女妙が五歳の夏でした。数日間泊まるだけでしたが、子どもたちにとっては、たくさんの親戚たちと過ごした夏休みは最高に楽しかったことでしょう。

そして昭和十一（一九三六）年になると、とうとう小泉家も御殿場に家ができました。それは、松本の孫が増えたので松本家が家を建て替えることになり、家の一部を除く大部分を小泉家に譲り、横山家が土地を分けてくれたのです。これで、夏の間中過ごせることになって、子どもたちも大喜びです。松本の伯母《おば》、佐々木の叔母《おば》の家に、それぞれ歳の近い従兄弟たちもいましたし、歳の離れた従姉《いとこ》は結婚した夫も一緒に連れて来ていましたから、それはそれは大人数で賑《にぎ》やかな夏休みでした。信三が姉と妹と仲が良かっただけでなく、信三の妹信子は幼い時からとみと大親友だったように、それぞれの夫や妻が仲良しだったからこそ、このように大勢での生活が可能になったのです。みんなそれぞれの家を自由気ままに行き来しました。玄関から入ることなどありません。いつも庭先から入って縁側で挨拶するといった具合でした。親戚同士が、まるで一つの大きな家族のようでした。

信三の子どもたちは、七月下旬に学校が夏休みに入ったらすぐに御殿場に行き、学校が始まる九月初旬まで、実に四十日間も御殿場で過ごしました。信三は、東京に用事がある時には戻りますが、用事がすんだらすぐに御殿場に帰ってきました。

共に夏を暮らす親戚たちの中に、医者、弁護士、学校の先生などがいました。午前中はその学者たちが熱心に勉強をしていますから、子どもたちも午前中は静かに勉強をしたのです。午後になると、一変して体を動かします。卓球台に群がって大人も子どもも卓球大会が始まるのです。信三は、卓球があまり得意ではなかったようです。甥《おい》っ子に「伯《お》父様《じさま》はあんまり上手くない。一生懸命やっている時はちょっとブルドッグと似ている」と評されています。卓球が終わると、今度はテニスです。百メートル程先に、この別荘村専用のテニスコートがありました。他の別荘の人たちはほとんどテニスをしなかったので、このコートは、まさに小泉一族専用コートでした。

この大家族の中でテニスが一番上手だったのは、やっぱり信三でした。テニスは自分より上手な人と練習することが楽しいのです。それは、ミスが少なくてラリーを続けてくれるし、打ちやすいところに打ちやすい球種で返してくれるから、上達した気分になって面白く感じるのです。信三は、根気よくテニスを教え、実際に子どもたちは皆上達していきました。子どもたちの性格や技量を見て、ゆるやかな球を打ったり、強烈なショットを放ったり、ドロップショットで相手をよろよろさせたり、自由自在にラケットを操りました。この頃の信三の年齢は、五十歳前後です。学生時代に徹底的に鍛えたテニスの技術は、この歳になっても健在でした。子どもたちは、信三おじと打ってもらうのが大好きでした。

夜になると、小泉の家に全員集合して、大人たちは大人同士で話し、子どもたちは色々な遊びをして過ごしました。信吉は大学生になると、大人の話に参加するようになりました。子どもたちの遊びは、テレビゲームなどない時代ですから、トランプやじゃんけんゲーム、チームに分かれて大豆をお箸《はし》でつまんで器に入れる競争などでした。信三は、子どもたちをからかったり、むきになって張り合ったりして、仲間になることが好きだったので、子どもたちの遊びによく入りました。ジェスチャーゲームで遊んでいると、信三が入ってきたので、子どもたちが「福澤諭吉」という題を出しました。信三の腕組みをしたポーズを見て、「あっ、福澤先生だ」という具合に当てて遊んだのです。

御殿場で毎夏を過ごした松本、小泉、横山、佐々木の四家族とその親戚で、私家版年刊文集『御殿場』を発刊することになりました。自分が書いた文章が活字になり本になることの喜びを誰よりも知るのが信三自身でした。その楽しさを教えたかった信三は、自らが編集長になったのです。仲の良い親戚だったからこそ、皆が賛同し、皆が積極的に寄稿しました。楽しかった夏の思い出は、本となっていつまでも残ることになりました。御殿場の楽しい時間空間を本にして留めようという信三の発案は、きっと御殿場の夏の夜、大人たちの話し合いの話題になって盛り上がったのでしょう。

『御殿場』は昭和十三年の創刊以来、昭和十八年まで毎年発行され、近しい知人友人に配られました。御殿場での生活は、本当に平和で幸せな時間でした。しかし日本は、重大な時局に直面することになりました。

昭和十七年のことです。御殿場で過ごした家族の一員の身に、悲しい出来事がふりかかりました。その追悼号をもって『御殿場』は終わりました。

三　戦争が始まる

昭和十六（一九四一）年は、小泉一家にとって、そしてまた日本にとっても激動の年となりました。

三月に海軍主計科士官《かいぐんしゅけいかしかん》の試験に合格した信吉は、この春に慶應義塾大学経済学部を卒業し、三菱銀行に勤めました。そして八月に海軍経理《けいり》学校に入校し、主計中尉《しゅけいちゅうい》になりました。

信吉が子どもの頃から憧れ続けた海軍です。幼稚舎の五年生の時には「わが海軍の今昔」という作文を書き、日露《にちろ》戦争の本もすでに読んでいました。『海軍と海戦の話』という本を繰り返し読んで、海軍の知識を吸収しました。水雷艇《すいらいてい》の発信信号まで覚えて、三輪車に乗りながらその真似をしていたほどです。普通部の頃には御殿山の自宅二階の窓をいつも開けて、お台場の海をながめていました。その窓から自分で注文して買った望遠鏡を使って、行き来する船を見るのが大好きでした。海軍好きの少年のための月刊雑誌『海軍グラフ』は六十冊、『海と空』は百二十冊も揃えました。新聞や雑誌に載っている軍艦《ぐんかん》の記事や写真は、必ず切り取って大切に保管しました。そして世界各国の軍艦がのっているイギリスの軍艦年鑑を、自分で注文して買いました。中学生が買うにはあまりに高価な本で、貯《た》めたお小遣《こづか》いでも足りず、クリスマスプレゼントを我慢《がまん》して、父や祖母や親戚からいただくお年玉すべてを、その支払いにあてました。軍艦の写真絵葉書を四百数枚も集めてアルバムを作ったり、木のかけらを小刀で削って軍艦を造ったり、自転車で芝浦《しばうら》の海に行って、入港した船の船員や船長に会って話を聞いたりもしました。自分で船の写真も撮りためました。そんな信吉でしたから、海軍の士官になった時は、長年の夢がかなったと心から満足し、幸せな気持ちに満たされたことでしょう。

海軍経理学校に入った信吉は、日曜日の朝に家に帰ってきて、夕方には学校に戻るという生活でした。バスの停留所まで家族で信吉を見送りに行くことがありました。バスに乗り込んだ信吉に、信三は、「長官によろしく申し上げてくれ」と大きな声で言いました。信吉があたかも艦隊に乗っている将校であるかのように、わざとまわりに聞こえるように言うのです。信吉は、そんな父のいつもの悪戯《いたずら》に、ちょっと困って苦笑いでした。

この年の十二月七日は、信三とみ夫妻の結婚二十五年、銀婚式《ぎんこんしき》のお祝いでした。この日の朝に信吉も経理学校から帰り、写真館で家族五人揃って記念撮影をしました。

昼間は、日吉蝮谷《まむしだに》テニスコートで、お祝いのテニス大会が開かれました。信三が庭球部長をつとめていた時代の部員たちが催してくれた会です。現役部員とOBが混じって、賑《にぎ》やかにダブルス大会が行われ、信三は二試合に参加して二戦とも楽勝しました。

その夜は、盛大なお祝いの宴会でした。

銀婚式に撮った家族写真　左より妙、とみ、信吉、信三、加代。

庭球部長時代に「庭球王国」を築きあげていった教え子たちが、実に四十数名も集まって会を催してくれたのです。現役当時の昔話に花を咲かせ、大賑わいの楽しい宴に、信三は感無量《かんむりょう》の思いでした。信吉も加代も妙も、この会に招かれて、両親の銀婚式を共に賑やかに祝いました。参会者全員が、驚くほど多くの量を食べて飲み、歌い、踊り、笑って拍手して、皆で写真を撮って、そしてまた食べて飲んでと、それはそれは幸せな時間でした。

ところがです。その幸せな会の翌日、十二月八日。日本は米英両国を相手に開戦、太平洋戦争が始まったのです。第二次世界大戦は、日本・ドイツ・イタリアなどの枢軸《すうじく》国とアメリカ・イギリス・フランス・ソ連・中国などの連合《れんごう》国との間で行われた世界的規模の戦争です。ことの発端《ほったん》は、昭和十四（一九三九）年に、ドイツがポーランドに侵入したことによって始まり、イギリス・フランスとドイツとの戦争や、ドイツとソ連の戦争など、世界中に飛び火しました。太平洋戦争とは、その大きな大戦のうちアジア・太平洋で行われた一部であり、日本とアメリカを主とした連合国との戦争です。

日本は、第一次世界大戦の後、軍事力で国をひろげていこうとするこの世の中で、北方を脅《おびや》かすソ連から国土を守るために、そして資源が少ない自国を守るために、自らが東南アジアや中国大陸に力をもって、資源の獲得と市場の開拓をしていかなければなりませんでした。第二次世界大戦がはじまる二年前から、日本は中国との戦争（日中戦争）を行っていました。

どこの国だって、多くの血を流し、尊い命を失う戦争なんてしたくありません。でも、この時期は世界中が不安定だったのです。不安定な状態に不満を持ち、軍事力で他国より優位に立とうとする国が出てくると、それに対抗しなければ自分たちが攻められてしまいます。ある出来事が他の悪い状態を引き起こし、それがさらに悪影響を及ぼす関係が繰り返されて、世界中の事態がますます悪くなっていったのです。

信三が塾長になってからというもの、日本という国は、次第に戦争への道をたどっていきました。日に日に世界を取り巻く情勢が緊迫《きんぱく》していく中、信三は悩み苦しみました。信三は、日米開戦に反対でした。戦争は何としてでも避けなければいけないと考え、その意見を宮中《きゅうちゅう》にも述べていました。しかし、その努力も実を結ばず、とうとう戦争が始まってしまったのです。

戦争に対する信三のスタンスは、戦争には反対していたものの、こうして戦争が始まってしまった以上、応援・協力していかなければならない、という考えでした。息子信吉は海軍に在籍し、そして多くの学生を持つ大学の長の立場としては、戦争が始まったことは、とても辛いことではありました。しかし、開戦してしまった以上、どうこう言うことはもうできません。戦うからには勝たねばならないという覚悟を決めました。

信三は、この八日当日、三田と日吉に学生を集め、開戦についての塾長訓示を行い、戦争という時局《じきょく》をよく考えて、言動や態度を慎むようにと話しました。戦争は、いつどういう形で終わるとも分かりません。得体《えたい》の知れない恐れや苦しみと向き合わなければならない、困難の日々が始まりました。

政府・軍部は、どこの大学に対しても、その教育に圧力をかけていくようになりました。何しろ戦争が始まったのですから、大学の自由な運営に対して、思想をも厳しく弾圧し、徹底的に戦時色にしていきました。

慶應義塾は、特に政府から目をつけられました。なぜかといえば、創立者福澤諭吉は、今戦っている相手である西洋の文化文明を取り入れた張本人であり、国家に害を与える悪者であると罵《ののし》られていたからです。その福澤諭吉がつくった学校は、自由主義の巣窟《そうくつ》であり、敵国と戦っているというのに、まったくけしからんと、色々な言いがかりをつけられて激しく非難されました。陸軍の教科書には、福澤を批判する文章が書かれました。福澤が書いた本の出版に抗議が寄せられるような世の中でした。軍部だけでなく、軍部の言いなりになっていたマスコミ（新聞やラジオなどの情報伝達）からの圧力もいよいよ強まりました。大学には、配属将《はいぞくしょう》校《こう》といって、陸軍の武官《ぶかん》が設置され、学内に戦争を反対するような雰囲気や言動がないかを厳しく取り締まるようになりました。三田の大ホールの演壇上には、着流《きなが》し姿で堂々と腕組みをした福澤諭吉像の絵が掲げられていましたが、その福澤像を撤去せよ、と配属将校が要求してきました。まるで慶應義塾という学校をつぶしてしまえ、というような圧力でした。

しかし、信三は、軍部や配属将校、軍部の顔色をうかがう文部省にも屈せず、自分の主張や態度を変えませんでした。そして軍部からの圧力にも徹底的に耐え、福澤諭吉像を守り、慶應義塾という学校を守り通したのです。戦争が始まったため、半年もはやく執《と》り行われた大ホールでの卒業式では、この福澤諭吉像の前に立ち、堂々と告辞《こくじ》を朗読した信三でした。

信吉は十二月に海軍経理学校を卒業し、戦争に行くことになりました。すぐに南方《なんぽう》に赴任《ふにん》する予定でしたが、急に予定が変わって自宅に戻ってきたので、家族全員で箱根の宿に泊まって過ごしました。

年が変わり、昭和十七（一九四二）年一月二日。箱根から帰るとすぐに、南方部隊の乗艦が決まり、家族は夜の品川駅まで見送りました。風のない満月の夜でした。雲が月に時々かかっては、歩道の上に映る街路樹《がいろじゅ》の影が、消えたり濃くなったりします。信吉は品川駅の改札口で後ろを振り向き、白い手袋をはめた手をあげて敬礼《けいれい》し、マントの身をひるがえして、ホームへと続く階段に向かって、暗闇《くらやみ》の中に去っていきました。これが生きて顔を見る最期《さいご》になるのかもしれない……。それは誰も口に出しませんでしたし、そんなことは絶対にないのだと信じるしかありませんでした。しかし、生きて帰れるということが絶対に約束されているというわけでもありません。見送る家族は、どんな想いで信吉の後ろ姿を眺めていたのでしょう。

信吉は巡洋艦《じゅんようかん》那智《なち》に乗って戦地に出征《しゅっせい》しました。若き頃に繰り返し繰り返し読んだ軍艦年鑑に、この那智も載っていました。信吉は、喜び勇んで、この艦に乗り込んだに違いありません。愛読していた『海と空』は、海軍士官になってもなお、乗艦に送ってもらって読んでいました。

二十日ほどたって、信吉から初めての手紙が届きました。日付は一月五日となっています。南洋のパラオ島からでした。到着してすぐに書いたようです。家中大騒ぎで、その手紙の周りに集まって読みました。書いてあることは島の美しさばかりでした。空も水も青く、美しい島々のまわりの珊瑚礁《さんごしょう》に白波がたっていて、星も月も美しい。特に星の光が強い。赤い花が咲き乱れていて、青い空と木々の緑の対照が美しく感じたなどと、とても詩的な表現にあふれていました。手紙の最後には、父上の書いた本や『福澤選集』、楽しい夏の思い出がつまった最新の『御殿場』を送ってほしいとの注文がありました。信三もとみも、加代も妙も、信吉の元気な様子にほっとして幾度《いくど》もその手紙を読み返しました。

父親に似て、信吉は筆まめな人でした。この初めての手紙以降、月に三回から四回は手紙や葉書が届きました。その度に家族は、丁寧にはさみで封を切り、みんな集まって読み、読んだらすべて大切に保管しました。

二月のスラバヤ沖海戦に戦果をあげた那智は、長崎県佐世保《させぼ》の港に二十日間ほど泊まりました。三月末のある夜、信三一家が十一時半頃まで起きていたところ、突然電話のベルが鳴ったので加代がとると、どうやら佐世保からの電話だということで、全員が立ち上がって、信三が受話器をとりました。電話の相手には信吉が代わりました。二階で眠っていた妙も起こして、家族が代わる代わる電話に出て、信吉の元気そうな声に安堵《あんど》し喜びました。電話を切ってからも、家中はしゃぎたっていました。

今でこそ長崎は、飛行機や新幹線を使えばすぐにでも訪ねられる場所ですが、それでも気軽に行ける距離ではありません。であれば、当時はなおさら遠かった場所です。汽車を使って何日もかかってしまいます。信吉は、その電話の中で、仲間の家族や婚約者が佐世保まで会いに来たんだよ、という話をしていました。もしかしたら、信吉は家族の顔を見たかったのかもしれません。信三は、本当は会いに行きたいに決まっているけれど、自分が行くことは出来ないのだと考える性格でしたから、しきりにとみや加代、妙に「会いに行ってきたらどうだ」とすすめました。結局、みんな何となくしりごみをしてしまって、佐世保を訪ねることはできませんでした。もしかしたら、今ここで佐世保まで会いに行かなければ、もう二度と信吉に会えないかもしれない……、とは、誰も口に出しませんでしたし、そんなことはあるものかと信じています。しかし戦争というものは、いつ誰の身に不幸が襲《おそ》ってくるかは分からないものです。それゆえに、佐世保に行けばよかったのではないか、と心にひっかかるものが残ってしまいました。

四月になったある日、信三が夜七時頃に帰宅すると、玄関に出てきた加代と妙が、帽子を持ったままの信三の背中を押して、茶の間に連れていきました。そこには信吉がいつもの食卓でいつものように夕飯を食べていました。いないはずの信吉がいたのですから、信三は驚きを隠すことができませんでした。それが嬉しくないわけがありません。話を聞いてみれば、信吉の乗る那智が南方の洋上作戦を終えて、補給のために神奈川県横須賀の港に帰ってきたとのこと。家族は束《つか》の間《ま》の平穏な日々を、感謝して過ごしました。家族で語らう食卓の風景。それは今まで当たり前のことであったけれど、その当たり前のことがどんなに大きな幸せだったのかは、今まで気づきませんでした。でも今は違います。信吉がいるという非日常に、幸せを見いだすことができる小泉家になっていました。信吉は数日間滞在していきました。

出発する前の夜、信三と信吉は明け方まで語り合いました。実はその前の晩にはやく寝てしまった信三に、「ゆうべはもっと起きて話がしたかった」と信吉が言ったのです。最後の晩に知人の送別会に参加する予定があった信三は、その会に行って、理由を話して欠席して、食事の時間には戻ってきたのでした。午前二時まで語りながら、少年時代に頼りないお兄ちゃんだと思っていた長男信吉の、そのたくましく凛《りん》とした姿に、父信三は、男同士としての信頼感を覚えました。いや、本当はずいぶん前から、息子信吉の立志《りっし》に気づき、大人として認めていたに違いありません。そうして信吉は、再び那智に戻っていったのです。

戦地に戻った信吉からは、その後も一週間に一回は手紙が届きました。信吉の手紙は、ほとんど戦争とは関係がなく、旅行者の見聞録のように、艦上生活の様子を、ユーモアをまじえて書いて知らせてくれました。もともと信吉は、よく笑う人でした。笑いを好み、その笑い転げる姿でまわりを笑わせる人でした。そんな信吉の人柄があふれる手紙でした。

信吉の便りからは、命の危険にさらされた恐ろしい戦闘シーンの描写は読み取れません。むしろ、夢の海軍の生活になんの弱音《よわね》も愚痴《ぐち》もなく、ただひたすらに感謝の気持ちで毎日を過ごしているようで、日々の中に喜びや可笑《おか》しさを見出して、穏やかでのんびりした生活を送っているようでした。手紙の節々《ふしぶし》に、信吉の充実した様子があふれていました。それを読む家族にとっても、楽しく嬉しくなる内容でした。信吉の手紙はいつも、家族にも笑顔と笑い声をもたらしてくれました。

家族を戦地に送った家はどこでもそうだったように、小泉家でも日本の戦況の報道、特に海軍部隊の動きをこと細かにチェックして、信吉の乗る艦と信吉の身の安全を祈っていました。日本の戦況報道は、必ずしも順風満帆《じゅんぷうまんぱん》というわけではありませんでした。六月に入ると、ミッドウェー方面で敵の航空母艦《こうくうぼかん》・潜水艦《せんすいかん》・戦闘機《せんとうき》を多数撃沈したと報道されたものの、日本にも多少の損害があったことも合わせて発表されたのです。戦況報道は、必ずしも真実であるとは限りません。日本国民を大いに励まして勇気を奮い立たせるために、事実とは違った戦況を発表することがあったのです。

実際に、この時の損害は、多少どころか戦死者は優に二千人を超えていました。これに対して、敵の損害は、死者百五十人と言われています。この事実は秘密にされていました。なぜなら、それは戦況が悪化してきたこと、形勢《けいせい》が不利に逆転してきたことは、疑いのないものになってきたからです。海軍の発表は、国民に心配をかけてはいけない、落胆《らくたん》をさせてはいけないと気遣《きづか》ったものでしたが、信三は、この重大な事実をかくすべきではなかったと感じていました。今アメリカとやっている戦争は、そんなに簡単なものではない。戦う以上、こういった損失や戦死者が出ることを、国民は当然覚悟しなければならないのだという考えでした。

信三はこのラジオ放送を、家族と家で聞きました。初めて大きな損害があったことを知り、胸に重苦しいものを飲み込んだ気持ちになって、無言のまま家族と顔を見合わせました。信吉の乗る艦が、この海戦に参加しているのかどうか、それは知る術《すべ》もありません。信吉が生きていることを信じるしかありませんでした。

信三は、次第にあやしい雲行きになってきた戦況を心配し、心を痛めました。しかし、自分を励まし、家族を励まし、学生を励ましていかなければならなかったのです。

六月末に、信吉から葉書が届きました。胸の中にずっとつかえていた重たいものが、やっとスーッと消化していったようでした。落ち着きを取り戻して日付を見ると、先日の海戦の後でした。ということは、あの重大な損害があった海戦では無事だったのだ、ということを葉書によって知ったのです。

暇さえあれば手紙を書く信吉が、いや、暇がなくても時間を見つけて、五月には七通もの便りを送ってきた信吉から、実に一カ月振りに届いた手紙でした。いかに激しい作戦行動であったか、いかに普通の生活ではなかったかを、その手紙が示しています。遠い戦地で果たして何をやっているのか、本当に無事なのか。残された家族は、いつでも気をもんでいました。こうして届く手紙が、どんなにか心の安定をもたらしてくれたでしょうか。

七月中旬のある日のこと。信三が夕刻に帰宅すると、信吉が白い軍服を着たまま、茶の間であぐらをかいていました。軍服がはちきれそうなまでに、信吉は肉付きがよくなっていました。海戦の第一線に参加している間に体重が二貫目《かんめ》（七・五キログラム）も増えているということが、いかに大好きな海軍での生活が満ち足りているかを表しています。その夜の小泉家の食卓は、以前と同じように賑《にぎ》やかでした。信吉は艦上生活の喜びと苦労話を、手紙の書きっぷりと同様に、楽しげにユーモラスに語りました。

それから三週間近くは、自宅から横須賀の乗艦に通う毎日で、休暇もとれたので、夏休み中の信三や加代、妙とは、よく出歩いて、よく食べ、よく話す時間を持つことができたのです。テニスもしました。信三と妙がダブルスを組み、信吉と同じく軍艦に乗っているテニス好きの親戚が組みました。軍艦に乗っている間に信吉たちはすっかりテニスの技量《ぎりょう》が下がり、「オイ、帝国海軍どうした。しっかりしろ」と信三に野次《やじ》られながら、簡単に信吉は負けてしまいました。海の上ですから、当然陸上運動は久しぶりのこと。そうであっても、若い二人に勝った信三は、まんざらでもない顔をしていたことでしょう。畳に寝転《ねころ》がって本を読み、そのままうたた寝してしまった信吉の姿は、やがて三たび家を出て、海に戦う体であることをすっかり忘れてしまうような、昨年までの日常でした。家族と平穏に過ごす貴重な時間でした。

八月八日の朝、信吉は午前九時品川発の電車で横須賀に発《た》つというので、信三はとみと妙と一緒に、御殿山の家から品川駅まで歩いて行って見送りました。晴れてはいましたが、雲の多い日でした。品川駅前のバス停にいた見ず知らずの老婦人が、若い海軍士官の出征と察して、礼儀正しく丁寧な礼をしました。信吉はそっと手をあげて挨拶《あいさつ》を返しました。品川駅のせまい構内は、多くの通勤客で混雑していました。信吉は改札口の前でふり返って、手をあげて信三に「行ってきます」の挨拶をして、人の群れの中をぬうように歩いていきました。信三は、その背中を見つめ続けました。信吉が人ごみの中に完全に消えてなくなるまで。

これが、信三が見た最後の信吉の姿となったのです。

四　信吉の戦死

信吉の乗艦は、特設砲艦八海山丸《とくせつほうかんはっかいさんまる》に変わりました。船団護衛や沿岸防備を務めるために、商船を改造した艦でした。新しい任務に変わる時、初めて乗り組んだ軍艦那智への愛着もあって、信吉は複雑な思いでいました。しかし、海が大好きな信吉ですから、何より陸上勤務になってしまうことに不安をおぼえていたのです。ですからまた艦上生活ができるということになって、信吉は満足でした。

信吉が八海山丸に乗って出港した翌日、ソロモン海戦において、多くの敵艦を撃沈させて大勝利をあげたという戦果が発表されました。信吉は昨日出港したばかりだから、おそらくまだ日本の近海に違いない。信吉も艦上において、この朗報を聞いているのだろうか。信三はこのようなことを考えていました。信吉がもっと遠いところに行ってしまうように感じました。

ソロモン海戦はたしかに大勝利というべき戦果でした。しかしこの結果は、米国の大規模《だいきぼ》な反撃を生じさせ、戦争は重大な局面に突入していくことになったのです。それでも信吉から送られてきた、二カ月間で八通もの手紙は、今までと変わらない呑気《のんき》な様子ばかりでした。

信吉から届いた最後の手紙は、十月十五日付のものでした。南洋の日差しにも秋の気配を感じ、食べた秋刀魚《さんま》が美味しかったといった、いつも通りの信吉の手紙でした。信三の家にこの手紙が届いたのは、十月二十三日のことでしたが、それ以降一カ月半もの期間、音信不通になってしまいました。少なくとも、週に一度は届いていた手紙ですから、二週間たち、三週間たつと、家族は口に出さなくとも、さすがにどうしたのだろうと心に思うようになりました。

ある夜の明け方、信三は信吉の夢を見ました。信吉は紺《こん》の軍服を着ていて、まくった袖《そで》から見える両腕は真っ黒でした。信三が妙に何かを言おうとすると、信吉が「そんなことないよ」と言うので、「そんなら何だ」と信三が問うと、「それは言えないさ」と信吉が答えたという、なんとも不思議な夢でした。同じ夜、偶然にも、とみも信吉のことを夢に見ていたのです。その夢は、信吉が戦死してしまったという知らせを聞いて、自分が嘆き悲しんでいるという夢でした。

それから四日たって、信吉戦死の電報が届いたのです。

「小泉海軍主計中尉十月二十二日南太平洋方面に於《お》いて名誉の戦死を遂《と》げられたり」というものでした。信吉の最後の手紙が着いたその前日の朝には、信吉はすでに敵の砲弾《ほうだん》を浴びて戦死していたのでした。信吉は南太平洋の最前線で、敵艦と決戦中に艦橋《かんきょう》上で炸裂《さくれつ》した砲弾にあたったのでした。

十二月四日、その日、信三は夜に主賓《しゅひん》として招待されていた宴席《えんせき》の時間まで、銀座の交詢《こうじゅん》社《しゃ》（福澤諭吉ら慶應義塾関係者によって設立された社交場）で時間を過ごしていました。「お宅からお電話でございます」と呼び出されて受けた電話には、加代が出ていました。いきなり、「お父様、お兄ちゃんが戦死なさいました」と言い、電話の向こうから泣く声が聞こえてきました。「よし、すぐ帰る」と信三は答えて、すぐに支度《したく》をして交詢社を出ました。宴席の店に直接出向かい、急な事情で欠席することを伝え、そのまま家に急ぎました。

電報が来た時、家には加代と妙の二人だけだったことを、信三は後で知りました。そこへ届いた電報を、開けてよいのかいけないのか、姉妹はさんざん悩んだ末に、兄の死の衝撃を受けたのです。二十一歳と十八歳の娘二人が、母を父を待つその心細さを考えて、父信三は胸を痛めました。

家に着いてベルを押し、戸を開けると、そこには家族全員が信三を待ち構えていたように立っていました。青白い顔色をしたとみが、「信吉が戦死いたしました」と言ったとたん、加代と妙が一斉にわーっと泣きました。

信三は上着を脱ぎながら茶の間に行き、食卓に置かれた電報を手に取って読みました。信三の声を皆が待っているようでした。どっしりとした父親以外に、この悲報に対してどう行動したらよいのか分からない状態でした。

信三は言いました。「これから弔問客《ちょうもんきゃく》がいらっしゃるだろうから、食事をまず済ませておこう」。四人は、物も言わず黙って食事をとりました。その沈黙をやぶって信三は、「悲しい時でも物は食べなければいけない」と言って一所懸命食べて見せました。加代も妙も、そんな信三の姿を見て、一所懸命に食事を口に運びました。信三は「これからみんなで楽しく暮らそう」とも言って、家族を励ましました。そして、とみにこう言いました。「子供を育てて一人前にするのも親の務めだが、立派に死んだ子供の一生を見届けてやるのも親の務めだ」。とみは何も答えませんでした。

やがてお悔《くや》みの人々が代わる代わる訪れ、夜遅くになって、弔問客は帰っていきました。とみは信吉の写真を取り出してきて、それを見て、そこで初めて泣きました。

布団《ふとん》に入っても、信三はなかなか寝付けません。自分の子どもを喪《うしな》ったどこの親もそうだろうと思いながら、信吉の二十五年の生涯を振り返り、断片的な様々なシーンを思い浮かべては、亡くなった息子に対して父親として何をしてやれただろうかと、つらい気持ちを身に染みて感じていました。真《ま》っ暗闇《くらやみ》の中に、とみの「信吉、信吉」と呼ぶ声がかすかに聞こえました。気づくと外は明るくなり始め、鳥も鳴き、道を歩く人の声が耳に入りました。結局ほとんど眠れないままに、朝を迎えたのです。

それから約十日間、ひっきりなしに訪れる弔問客に、信吉が生前に受けた多くの心遣《こころづか》いに対するお礼を伝えました。信吉の遺影《いえい》の前には、長剣《ちょうけん》と、艦へ送ってくれと頼まれていた信三の著書、そして中学の頃に自分で注文したあの軍艦年鑑を供《そな》えました。また、加代の作った歌一首（「我兄よまこと南の海の底に　水漬《みづ》くかばねとなり給《たま》ひにし」）も供えられました。

妙は、歌のかわりに詩を書いて信三に渡しました。

南太平洋の海の底で
お兄ちゃんは
水漬く屍《かばね》となられました。
美しい桜の花は
美しいまゝで散つてゆきます。

お兄ちゃんも
桜の花と同じやうに
潔《いさぎよ》い、美しい死をなさいました。
人々に惜しまれて
若桜は散つてしまひました。

南太平洋の海の色は
どんな色をしてゐませう、
私は美しい色の海であるやうに祈ります。
お兄ちゃんは美しい色が好きでした。

南太平洋の島々は
どんな形をしてゐませう、
私は美しい島であることを祈ります。
お兄ちゃんは美しい景色が好きでした。

お兄ちゃんは良い音楽が好きでした。
南太平洋の海よ、
自然の美しい音楽を奏《か》なでて
お兄ちゃんを慰めて下さい
何時《いっ》までも――。

信吉《しんきち》戦死の知らせが来た四日後、十二月八日は、開戦一周年であり、父信吉《のぶきち》のご命日でもありました。父が亡くなって五十年、毎年この日には必ず、母千賀のもとに集まって昼食を食べることがしきたりです。

信三は弔問客の中を抜け出して、母の家に行きました。老いた八十歳の母は、もうすっかり頭がぼんやりしていて、信吉の戦死のことは知りません。信三は母に、信吉戦死を伝えるべきか悩んでいたのですが、母の妹である叔母から、姉の長い人生の終わりに近づいた時に悲しみにあわせるのは、それはかわいそうすぎるから、どうしても言わないでほしいと懇願されたのです。信三は賛成しました。母千賀は、時おり「信吉はどうしているかい」と聞くことがありましたが、信三は「信吉は帰ってくるまでは生きています」と答えました。そのうち分かったのか、それともぼんやりして分からなくなったのか、結局は終戦直後、孫の死を知らないで亡くなりました。

信吉戦死の知らせを受けてから、まったく心も体も休まらないままに、あわただしく弔問客の応対に追われていた小泉家でした。これでは体をこわすから、しばらく休んではどうかと人にすすめられて、弔問客が続く毎日ではありながら、箱根に宿をとりました。それは、丁度一年前、信吉が出征する直前に家族で行った楽しい思い出の宿でした。小田原からのハイヤーで、車中から見る景色は一年前と同じ。でも今は信吉がいない。車中誰もしゃべることもなく、宿に入っても部屋にこもりっきりで過ごしました。

信三は、信吉を戦地に送り出す時に、ある程度の覚悟はしていたのでしょう。丁度一年前の十二月、長年の夢であった海軍で、心置きなく海上作戦に参加してほしいと思った信三は、息子信吉に宛《あ》てて手紙を書いています。

君の出征に臨《のぞ》んで言って置く。

吾々《われわれ》両親は、完全に君に満足し、君をわが子とすることを何よりの誇りとしている。僕は若《も》し生れ替《かわ》って妻を択《えら》べといわれたら、幾度でも君のお母様を択ぶ。同様に、若しもわが子を択ぶということが出来るものなら、吾々二人は必ず君を択ぶ。人の子として両親にこう言わせるより以上の孝行《こうこう》はない。君はなお父母に孝養《こうよう》を尽したいと思っているかも知れないが、吾々夫婦は、今日までの二十四年の間に、凡《およ》そ人の親として享《う》け得《う》る限りの幸福はすでに享けた。親に対し、妹に対し、なお仕残《しのこ》したことがあると思ってはならぬ。今日特にこのことを君に言って置く。

今、国の存亡《そんぼう》を賭《と》して戦う日は来た。君が子供の時からあこがれた帝国海軍の軍人としてこの戦争に参加するのは満足であろう。二十四年という年月は長くはないが、君の今日までの生活は、如何《いか》なる人にも恥《はずか》しくない、悔《く》ゆるところなき立派な生活である。お母様のこと、加代、妙のことは必ず僕が引き受けた。

お祖父《じい》様の孫らしく、又吾々夫婦の息子らしく、戦うことを期待する。

父より

この手紙をとみに見せ、これを信吉に渡そうと思うがどうだろうかと聞きました。とみは読み終わって涙をふいて、やっぱり信吉に読ませた方がよいでしょうと言いました。

手紙は、信三と信吉二人で外出した時に、自動車の中で渡しました。信吉は車の中ですぐにそれを読み、二、三回読み返して、顔を輝《かがや》かせながら、「素敵《すてき》ですね」と言いました。そして大事そうに、軍服の内ポケットに封筒をしまいました。信吉は、艦上にあって海戦が始まる時に、この手紙を取り出して読み、そうして任務についたといいます。

信吉の死後、家族は皆それぞれ寝る前に、信吉の部屋に置かれた遺影《いえい》に、おやすみなさいの挨拶をする習慣ができました。

信三は、信吉戦死の報を受けた翌年の春から、約一年余りをかけて、愛する我が子を思った追憶記《ついおくき》を書きました。忙しい職務の中、朝早く起きて書いたり、夜中に書いたり、なかなか筆は進みませんでしたが、親として何もしてやれなかった息子への最後の贈り物として、信三は心をこめて書き続けたのです。自分の子どもを先に喪うことを望む親はいません。しかし、この時代、必ずしもその順序は守られませんでした。信三は、信吉誕生の思い出から南の海に散るまでの二十五年間を、ありったけの愛をもって余すところなく、そして飾らずにつづりました。そしてわずか十カ月間に書き送った三十四通の信吉の手紙も添えました。

この本、『海軍主計大尉小泉信吉』は、私家版《しかばん》としてわずかに三百部印刷されたにすぎず、近しい親戚や知人に配っただけでした。文筆家である信三が、この書を世に出すつもりが全くなかったことの表れです。しかし、多くの人がこの本を回覧し、多くの人がこの本を求めました。幻の名著『海軍主計大尉小泉信吉』の公刊を強く熱望する声があがっても、信三は生前、決して首を縦には振りませんでした。「あの本を出すのは、また、あの本を読まなくてはならぬ。僕にはそれはとても悲しいことなんだ」と言って。

小泉文学の最高傑作と称されたこの本は、信三がいかに辛く悲しい気持ちに耐えて書いていたか、そして、いかに信吉のことを深く愛していたか、ということを伝えています。

五　学徒出陣と最後の早慶戦

信吉戦死の後、悲しみに暮れてばかりはいられませんでした。

戦時色一色の中、戦況がいよいよ困難になると、慶應義塾に対する圧力もいよいよ強くなっていきました。行っている講義の内容や思想が相応《ふさわ》しくないなどと言いがかりをつけられ、文部省から辞職を要求された教員を、信三は守り続けました。また、官立大学に限って大学院制度を設けようとした文部省に対し、早稲田大学総長と共に私学の立場を主張して反論を続けました。このような様々な圧迫《あっぱく》から慶應義塾を何としてでも守り抜こうと貫いたのは、福澤先生と慶應義塾への恩返しという、塾長としての気概でした。また、それが信吉の葬儀の前後であるところに、信三の持つ強い信念を感じます。

昭和十八（一九四三）年四月には、東京六大学野球連盟が、文部省から解散を命じられるという事態になりました。学生スポーツにも圧力が及んできたのです。信三は、文部省の体育審議会に出向いて、学生スポーツのあるべき姿を説いて保護しようとしました。

大ホールでの卒業生への告辞（昭和18年）

十月になると、大学生の徴兵猶予《ちょうへいゆうよ》がなくなるという事態になってしまいました。今まで大学生は戦争にはまだ行かず、学問をすることが許されていたのですが、厳しくなる戦況に、ついに大学生まで戦争に行かなければならないことに決まったのです。「学生が戦線に動員されることは、今の世の情勢を考えれば当たり前のことであり、いよいよ待望の秋《とき》が来たという考えで一杯《いっぱい》である」と信三は書きました。信三は戦争に最後まで反対していましたが、いざ戦争が始まったら、国家の役に立ち、国家と運命を共にするのだという気持ちでした。慶應義塾の学生を戦線に送り出すことは辛いけれど、再び学問の道に励むことのできるその日が来ることを信じ、学生はしっかりそれを自覚して、その信念がゆるがないようにと願いました。

敵国アメリカのスポーツとして弾圧され、東京六大学野球リーグ解散令が出てから、リーグ加盟校はしだいに練習ができなくなっていきました。ボールなどの道具を調達することも難しくなっていきましたが、早稲田大学と慶應義塾大学だけは、かろうじて細々と練習が続けられていました。このような大変な時勢《じせい》に、呑気《のんき》に敵国のスポーツをやっているとは何事か、と批判を受けました。野球の練習で強い肩を作り、その肩で遠くまで手りゅう弾を投げるためです、といつわって配属将校の目をごまかすこともありました。

部員たちは、リーグ戦という目標がなくなってしまって、心にぽっかり穴があいてしまったようでした。試合がしたい。戦争に行く前に、大好きな野球がしたい。ひとたび戦地に赴《おもむ》けば、再び生きて還《かえ》ることはないかもしれない。であれば最後に野球がしたい。できれば早稲田とやりたい。塾野球部員たちは、どうしても最後に早慶戦をして、それから戦争に行きたいと熱望するようになりました。キャプテンは部長に相談し、その思いを塾長信三に伝えました。

信三は、その申し出をただちに許可し励ましました。戦争に行く前に、学生時代最後の思い出として早慶戦がしたいという部員の望み。どうにかして、はなむけとしてそれをかなえさせてやりたい、という気持ちでした。軍部や文部省の顔色をうかがうこともなく、その願いの実現のために、信三は尽力《じんりょく》したのです。早慶戦をやろうという申し出に、早稲田側は当初、快《こころよ》い返事をしませんでした。大学存続の危機にあった中で、軍部の反対を押し切って開催してしまってよいのだろうか、というためらいがあったからです。でも、どうしても戦地に赴く部員のために、そして戦地に赴く学生たちのためにも、早慶戦をやろうと願う信三をはじめとした様々な人の思いが、試合開催に結び付いたのです。

「出陣学徒壮行早慶戦《しゅつじんがくとそうこうそうけいせん》」とよばれるこの試合は、昭和十八（一九四三）年十月十六日に、早稲田大学戸塚球場《とつかきゅうじょう》で行われました。球場に到着した信三を、早稲田大学のマネージャーが丁《てい》重《ちょう》に迎えました。ネット裏の座席に案内しようとすると、信三は「いや、私は学生と一緒にいるのが楽しいのです」と断って、学生と共に応援席に座りました。試合は、十対一という大差で早稲田が勝ちましたが、試合に勝った負けたではない、もっと崇高《すうこう》な雰囲気が球場内をおおっていました。お互いに校歌を高らかに歌い、大きな拍手を贈りあいました。スタンドには両者を讃《たた》え合《あ》い、「ありがとう」「戦場で会おう」などの声が響きました。相手側の校歌・応援歌を（慶應側が「都の西北」を、早稲田側が「若き血」を）歌い、互いにエールを交換しました。球場のどこからともなく「海ゆかば」の歌が聞こえてくると、いつしかそれが球場全体での大合唱になりました。またいつか野球をやろうという誓《ちか》いの気持ち、これから戦争に行くのだという惜別《せきべつ》の気持ち、良きライバルとの深い絆《きずな》、そこから授《さず》かった戦争への勇気、色々な感情に包まれた大合唱でした。早稲田の杜《もり》に、厳粛《げんしゅく》かつ感激的な歌声がこだましました。

この試合にあたって、早稲田側は球場内すべてを心をこめて清掃しました。その礼に対して、信三は試合終了後、座布団《ざぶとん》代わりにしいていた新聞紙をきれいにたたんで、ポケットに入れて持ち帰りました。塾生たちはそれを見て、ちり一つ残さずスタンドを清掃してから球場を後にしました。

伝統の早慶戦は、今も神宮球場で行われ、華《はな》やかな応援合戦が繰り広げられています。しかし、出陣学徒壮行早慶戦の時は、もう二度と早慶戦はできないかもしれない、これが最後だという切実な思いと覚悟がありました。

信吉を亡くして一年が経《た》とうとしている頃のことです。信三は、戦地に向かおうとする若き学生のボールを追う姿に、何を思っていたのでしょう。

この試合は、「最後の早慶戦」と呼ばれています。


最後の早慶戦の翌月、信三は住み慣れた品川御殿山から、慶應義塾大学から歩いて数分の三田綱町《つなまち》に引っ越しました。老いた母千賀の家と、妹信子の嫁いだ佐々木家の間にあった家が、売りに出されていたのです。八十を過ぎた母のお世話も必要になっていましたし、何より御殿山の家には、亡き信吉との思い出がありすぎました。戦争が激しくなり、東京への空襲が次第に増えてきていた頃です。それをおそれた人々が、地方に疎開しているようなご時世《じせい》に、親戚が三軒も連なって住むということは、ずいぶん危険なことではありました。しかし信三は、迷わずこの家への引っ越しを決めたのです。母千賀は、とても喜びました。日に何度も、勝手口から信三の家をたずねました。

空襲警報がたびたび鳴るようになると、近くの防空壕《ぼうくうごう》まで母千賀を背負って逃げなければなりませんでした。母の身の安全を考え、姉千の松本家に疎開させることになりましたが、それまでの綱町で一緒に暮らした一年半は、信三にとっても、母千賀にとっても幸せな時間であったといえるかもしれません。

徴兵猶予廃止の令によって、塾からは約三千人もの学生が戦争に行くことになりました。学業半ばで戦争に行くことを学徒《がくと》出陣《しゅつじん》といいますが、その人数は、全国で十万人を超えるといわれています。

十一月二十三日の午前九時半。三田山上の広場で、学徒出陣する塾生を迎えての出陣壮行会が行われました。出陣する塾生とその父兄多数、在学生と教職員が参会しました。信三は、約三千人もの塾生に訓示《くんじ》を行いました。在学生代表による送辞《そうじ》、出陣塾生代表による答辞《とうじ》があり、最後に塾歌を斉唱して式は終わりました。出陣塾生には祝い餅《もち》が贈られました。

式の後、山上の広場に、出陣する塾生とそれを送る人とが向かい合って整列し、塾の様々なカレッジソングを歌いました。早慶戦の応援のように、肩を組みあって左右に大きく揺れ、広場には感動の大合唱が響きました。

塾生たちは、その後、隊列を組んで山上を後にし、幻の門（当時の表門、現在の東門）を出ていきました。福澤諭吉先生のお墓参りのため、品川上大崎の常光寺《じょうこうじ》へ向かったのです。信三は、おびただしい数の塾生を山上にて見送りました。最後の塾生を送った後、自動車に乗り込んで行進を追いかけました。そして常光寺の墓前《ぼぜん》で塾生を待ち、再び最後の別れの挨拶をしたのです。

常光寺で、最後の学生を送り、信三は三田に戻ってきました。お昼を過ぎていました。ほんの数時間前の山上は、あんなにも大勢の塾生で溢れていたというのに、今はがらんとして空しいほどに校庭が広く見えました。今、学生たちはどうしているか。ついさっきまで一緒だった学生たちを思いました。もの寂《さび》しいがらんとした光景をぼんやり眺めながら、しっかり戦ってくるのだぞと、心からのエールを贈りました。すると、三田山上にぽつぽつと塾生が戻ってきたのです。それは、お墓参りを終えた学生が、名残を惜しんでまた歩いて帰ってきたのでした。信三は、たった今別れてきたばかりのその学生たちに会うことが、遠い旅から帰ってきた人々と再会したように懐かしく感じたのでした。

結局、出陣した三千人のうち約五百人は、戦争が終わった後も学校には戻りませんでした。昭和十六年以降に在学《ざいがく》修業《しゅうぎょう》年限《ねんげん》短縮《たんしゅく》のために卒業した学生と学徒出陣した学生を合わせて、戦争で亡くなった塾生は、八百余名にものぼりました（『慶應義塾百年史』による）。

現在慶應義塾大学三田キャンパスの丘の上に、戦歿塾員《せんぼつじゅくいん》を記念したブロンズ像「平和来《へいわらい》」があります。戦争が終わって十二年経った時に建てられたものです。塾の歴史の中に、こういうことがあったということ、そして戦地に赴いて亡くなった学生が多くいたことを忘れずに、いつでも心を新たにできるようにと、信三が強く希望したことでした。像が建てられたのは、信三がすでに塾長を辞めた十年も後でしたが、学徒出陣のその時に塾長だったことを思い返して、像の台となる石に、こう碑文を記しました。

「丘の上の平和なる日々に、征《い》きて還《かえ》らぬ人々を思ふ　小泉信三識《しき》」

信三は、ここを巣立ち戦地に赴こうとする塾生の後ろ姿と、品川駅の人ごみに消えていった信吉の後ろ姿を重ね合わせていました。

そして後々まで、多くの塾生が幻の門を出ていく光景を思い出したといいます。大学の長として多くの学生を戦争に送り出したこと、そしてその少なからぬ人は生きて還れなかったことに対して、信三はその責任に、名状し難い心苦しさを感じていました。信吉の戦死を「贖罪《しょくざい》」と感じたこともあったかもしれません。

六　空襲と終戦

昭和二十（一九四五）年になると、戦局《せんきょく》はますます苦しくなっていきました。学生のいない学校は、がら空きでした。教育機関としての機能は停止し、ただ一つの研究所として残っているという具合でした。

日本本土を目指すアメリカ軍は、南の島から、島づたいにじわじわと北上してきました。基地とした南の島から、爆撃機B-29の大編隊が連日押し寄せてきます。夜間空襲が激化して、東京、名古屋、大阪といった大きな都市をはじめとして、全国の多くの都市が、立て続けに空襲にあいました。

二月にアメリカ軍は、東京から南におよそ一二〇〇キロメートルにある小笠原諸島の南端、硫黄島《いおうじま》に上陸しました。硫黄島は、アメリカ軍にとって被害を受けた飛行機の不時着《ふじちゃく》地や基地としてどうしても手に入れたい島でした。逆に日本としては本土を守るために何としてでも死守しなければならない島でした。しかし三月に硫黄島守備隊が全滅し、四月には、アメリカ軍が沖縄本島《おきなわほんとう》に上陸を開始したのです。

東京を連日連夜襲う空襲《くうしゅう》のうち、三月十日、四月十三日、十五日、五月二十四日、二十五日の五回は、大規模なものでした。特に死者数が十万人を超えた三月十日の空襲を「東京大空襲《とうきょうだいくうしゅう》」と呼びます。軍事施設や工場を標的とした空襲から、民間人の一般家屋にも無差別にB-29は焼夷弾を投下しました。通常の爆弾とは違って、発火性の薬が燃焼する爆弾ですから、大規模な火災を引き起こします。東京は焼け野原になっていきました。

五月二十五日の夜のことです。信三は三田綱町の自宅にいました。信三と妙は、三階から外を眺めていました。すると、遠くの空に爆撃機の群れが現れ、ばらばらと焼夷弾《しょういだん》を落としていくのが見えたのです。夜九時半頃のことです。

信三の家は崖《がけ》の斜面にある三階建てでした。鉄筋コンクリートの一階が道路と同じ面で、一階には内玄関と台所があります。木造の二階には庭と玄関と和室、食堂があります。三階も木造で和室があり、階段が一階から三階までつつぬけになっているという造りでした。ですから、ひとたび焼夷弾が道路に落ちると、火の回りがとてもはやいのです。

遠く向こうに空襲が始まったのを見ると、信三は防空壕《ぼうくうごう》に避難《ひなん》せず、家が焼けないようにと、三階から防火用水の水を二階の屋根に振りまき始めました。芝浦の海岸に焼夷弾が落とされ、次いで麻布方面、田町駅付近と、爆弾の落下はどんどん近い距離になっていきました。妙は、防火用水をもう少し汲《く》み足すために下に降りていました。

一群の敵機は十七機、そのうち六、七機が三田の方向を目がけて飛んできていました。妙がバケツに水を足そうと、水道の蛇口をひねったその時です。数機が、綱町一帯に、まるで小泉家をねらったかのように、無数の焼夷弾を浴びせたのです。子爆弾と呼ばれる小さなサイズの焼夷弾ではありません。親爆弾と呼ばれる大きな「焼夷爆弾」が、実に七発も小泉邸の庭に一斉に落とされたのです。ガード下にいるかのようなすごい音でした。信三は三階にいました。信三は実は落ちてくる焼夷弾を見ていました。飛行機がそれたので落ちる爆弾も当然わが家を外れると思っていたら、それたはずの焼夷弾がカーブして、大きく見えたと思った瞬間、信三は気を失って倒れたのでした。午後十時四十九分頃のことでした。信三は、やがて火に囲まれて目覚めました。頭に浮かんだ情景は、なぜか、父信吉の命日に福澤の弔詞《ちょうし》を読んでいる場面でした。ふと我に返って火を消そうとしたものの、もはや打つ手がありませんでした。燃えさかる炎の中を火だるまになって進み、そこで再び気を失って倒れました。

一方、妙の見た庭には、もの凄い勢いの火焔《かえん》があがり、食堂の窓に吹きつけていました。とみと加代と妙は、もう怖くてどこに逃げてよいのか分かりません。道路に通じる一階を見に降りた加代が戻ってきました。どうやら小玄関の外も燃えているというので、降りることもできません。もう逃げるとしたら、二階の庭しかありません。しかし庭は恐ろしいほどに火の勢いがあって、とても出られませんから、三人は仕方なく下に降りました。すると、下は垣根《かきね》が燃えている程度で、なんとか無事に家の外に出られました。

火の回りがあまりに早く、家は火に包まれています。とみと加代と妙は、信三がいないことに気づきました。まだ三階なのでしょうか。無事なのでしょうか。三人は、「お父様！　お父様！」と出せる限りの声を出して叫びました。

するとしばらくして、信三が、燃え盛る玄関の火の中からゆっくりと出てきたのです。信三は、気を失って倒れながら、「もう動きたくない、もうこのままじっと寝ていたい」と思ったと後に語っています。しかし遠くで誰かが私を呼んでいる。その声（とみ、加代、妙の三人の声）に導かれるようにして目を覚ましたのです。妻も娘たちも生きている。そう気付いた信三は、何としてでも生きなければならないと覚醒《かくせい》し、焼けた階段の手すりだけを頼りに、火の中から生還したのでした。

階段を降りて炎を抜けた信三の、着ている服の衿《えり》や裾《すそ》から、炎が燃え上がっています。三人は大慌《おおあわ》てで叩いて、信三の服についた火を消しました。

信三の顔は、煤《すす》のような色に腫《は》れ上がっていました。防災頭巾《ぼうさいずきん》が嫌いでヘルメットだけをかぶっていたので、服についた火の勢いを防ぐことができなかったのでした。そして、燃えた手すりをつかんで階段を降りてきたため、両手にも大火傷《おおやけど》を負《お》っていました。妙は心配して、「大丈夫？」と聞きましたが、病気の時などにはいつも「大丈夫」と言ってくれるのに、返事はありません。妙は、そこにあった水の入った大きな樽《たる》を、文字通り「火事場《かじば》の馬鹿力《ばかぢから》」で持ち上げ、信三にかけました。

家族三人はまったくの無傷でした。みんなで大きな信三をかかえながら、数百メートル先にある亜細亜《あじあ》研究所（現在の慶應義塾女子高等学校のある辺り）の防空壕へと向かいました。途中の道でも飛行機が飛んできます。その度に、恐怖におののきながら道に伏せました。

防空壕に入って、不安と恐怖の中で空襲がおさまるのを待ちました。信三は、だんだんと口数が少なくなっていく中で、「よく加代も妙も怪我《けが》しなかったね」と娘たちの無事を喜びました。信三は火傷をした手の甲を触って、薄い布のようなものをしきりにとっていました。それは火傷で焼けただれて、はがれていく皮膚だったのです。信三の目は、だんだんと見えなくなっていきました。

夜が明けて、綱町で焼け残った大学教授のお宅に信三は運ばれました。薬と包帯《ほうたい》を持ってきても、信三の火傷は手のつけようがないくらいに、ひどいものでした。着ている衣服を脱がせようにも、顔や手が腫れていて、脱がすことすらできません。はさみで服を切りました。

往診《おうしん》の依頼に、経済学部助教授の山本登が学生と一緒に走りました。しかし近所の町医院は急患《きゅうかん》であふれかえっていて無理だったので、信濃町の慶應病院まで学生が走り、塾長が大火傷であることを伝え、往診を乞《こ》いました。慶應病院も怪我人が多数いて、医者たちは手術中でした。ようやく手術を終えた医者が、道の途中で何人かの怪我人の治療をしながら、信濃町から三田まで歩いてかけつけてくださいました。そうして信三はようやく手当てを受けたのです。それから車で慶應病院に運ばれて入院しました。信三の火傷は、第三度という大変重い容態《ようだい》で、絶対安静《ぜったいあんせい》、面会謝絶《めんかいしゃぜつ》の状態になりました。

それからの火傷の治療経過は順調でしたが、七月に赤痢《せきり》に罹《かか》り、一時は重態《じゅうたい》に陥りました。夏の猛暑の中、顔にも両手にも薬を塗ってぐるぐるに包帯を巻いて、じっと横になっていなければならないのは、さぞ辛かったでしょう。ガーゼの交換の時は、とても痛かったようです。一度だけ「痛い」と言ったら、戦争から帰ってこられた若い医者に「当たり前だ！」と叱られました。それ以来、信三は「痛い」とは言いませんでした。膿《う》んだ顔や手に蚊《か》や蝿《はえ》が寄ってきました。手の使えない信三は、痛みに耐えながら、その蚊や蝿をふーっと息を吹きかけて追い払うことしかできませんでした。心身ともに衰弱《すいじゃく》して起き上がることもできず、毎晩、鮭《さけ》のマヨネーズと塩焼きの鮎《あゆ》を手づかみで貪《むさぼ》り食べるという幻想に襲われました。

そのような辛い闘病《とうびょう》生活や植皮《しょくひ》の手術の時も、信三はガーゼ交換の時のたった一度を除いては、「苦しい」と弱音《よわね》を吐くことはありませんでした。信吉をはじめ、戦地に散った多くの学生たちのことを思い、君たちと一緒に、僕もそっちに行けば楽になれるかな、と感じた時もあったかもしれません。健康を失い、多くの親しい者を喪い、母校は空襲で多くが灰となり、生きること命あることの尊さを特に感じなくなっていながらも、信三は生きなければなりませんでした。亡くなった学生のためにも、福澤先生の慶應義塾のためにも、将来の日本という国のためにも、信三はまだ生きて頑張らなければなりませんでした。辛《つら》い病床を生き続けることが、亡くなった学生へのせめてもの償《つぐな》いだと考えていたのかもしれません。

親戚の少年がお見舞いで持ってきてくれた蓄音機《ちくおんき》でレコードを聴きました。ベートーベンの調べに、ああこれほどの美しいものがこの世にあったのか、と思い、そのような世に生きていたい、と思い、信三は涙を流しました。ベートーベンの音楽に感動し、再び生きることの尊さを知ったのです。

焼けただれた顔にも手にも植皮をしました。包帯のとれた顔は、火傷でひどい痕《あと》が残りました。炎の中で焼けた手すりをつかんだ左手は、その形に曲がったままで直りませんでした。利《き》き手の右手はペンを持てるようにはなりましたが、いつでもきつい手袋をはめているようでした。顔の皮が張ってしまって、目が瞑《つむ》れません。夜眠る時は濡《ぬ》らした手ぬぐいを目にあてて、上から鉢巻《はちま》きをして寝ました。自分が死んだ時には、口と目を縫《ぬ》ってくれと、家族に頼みました。腸の障害から脚気《かっけ》という病気になって以来、歩行が困難になりました。

美男子で知られた信三の顔は、家族にも衝撃を与えるほどの変わりようでした。疎開《そかい》していた妙への手紙に、加代は「包帯を取った時の驚きを忘れない」と書きました。とみは、手紙に一切そのことを触れませんでした。

結局、信三の入院生活は、十二月までの六カ月以上にも及びました。

八月十五日、信三は病床にあって、終戦の玉音放送《ぎょくおんほうそう》を聴きました。

戦争は終わりました。

戦争に反対だった信三ですが、聖断《せいだん》（天皇陛下のご決断）によっていざ戦争になったら、それを応援した人です。終戦もやはり聖断によって決まった以上、それに心を委《ゆだ》ねました。とやかく議論することを好みませんでした。慶應義塾出身の海軍士官が病院にお見舞いに来た折に、「私たちはどこまでもアメリカ軍と戦います」と言って、今回のご決断は本心ではないに違いないと言ったことに対し、「陛下がそれほど愚かな君だというつもりか」と大声でたしなめました。

　秋になると、信三の体は少しずつ良くなってきました。自宅を空襲で焼失した小泉家は、信三の入院中ではありましたが、十月に引っ越しました。慶應義塾評議員の名取《なとり》和作《わさく》氏が持つ三田の邸宅を、学校が塾長役宅として借用し、小泉家を住まわせてくれたのです。素敵な広い洋館でした。家族はこの家に先に住み、信三の退院を待ちました。

　戦争が終わって、もう人と人が無益に殺し合うという不幸はなくなりました。少しずつ平和な世の中になっていきました。しかし、日本は戦争に負けたのです。勝った連合国側（特に太平洋戦争を戦ったアメリカ）は、日本に留まり、戦争に負けた日本の国づくりを支配していきました。ＧＨＱ（連合国軍最高司令官総司令部《れんごうこくぐんさいこうしれいかんそうしれいぶ》）と呼ばれるアメリカ政府による占領政策の実施機関は、戦後七年間にわたって、日本を管理していくことになるのです。

　ＧＨＱは、日本が軍国主義をやめて戦争能力を除去することを要求しました。勝ったアメリカは、負けた日本をのっとって、日本国民を滅亡させようとしているわけではありません。軍隊から武器がなくなりさえすれば、平和な生活ができるというものでした。民主的で平和的なしっかりした政府が確立されれば、占領を解く約束になっていました。

ただし、いくつかの厳しい制約がありました。まず、戦争犯罪人《せんそうはんざいにん》の逮捕です。GHQは日本の戦争指導者を捕まえて、その戦争責任《せんそうせきにん》を問いました。東京裁判《とうきょうさいばん》と呼ばれる国際軍事法廷《こくさいぐんじほうてい》で処罰を決め、日本はその判決に従わなければなりませんでした。

また、GHQは軍国主義者を政府や民間企業の要職から追放することを目的として、公職《こうしょく》追放《ついほう》を行いました。軍国主義者や職業軍人など、戦争に関与していたと見なされた者は、政府機関などの特定の職につくことが禁止され、その仕事を辞めさせられることになったのです。また、戦時中に軍に協力的であった政治家や思想家などは、その親族血縁者までもが、同じ職に就職できないということも行われました。戦争の意識を盛り上げる映画を作ったといって、映画会社までもがその対象になりました。約二十五万人もの人が、この公職追放の影響を受けたのです。

塾長としての信三の任期は、丁度この十一月いっぱいで終わるところだったのですが、学校側は敗戦後の世の中の混乱でごたごたしているからといって、信三の任期を一年延長することにしました。

その翌日、十二月一日に、信三は慶應病院を退院することになりました。実に半年に及ぶ入院生活で、信三の体重は二十五キログラムも減っていました。三田の塾長役宅に家族四人がようやく勢揃《せいぞろ》いしました。年老いた母千賀も引き取って一緒に暮らしましたが、その一カ月半後、千賀は八十四歳で亡くなりました。

退院したこの日、信三は「塾生諸君に告《つ》ぐ」と題した文章を書き、慶應義塾構内に告示を掲げました。

国家のために身を捧げた人々（特に若い人々）の忠誠を忘れてはなりません。そして、福澤先生が「賢い人と愚かな人の違いは、ただ学ぶことと学ばないことによって分かれるのだ」とおっしゃったように、今こそ学んでいくのです。特に道徳的精神を高く持つのです。現在私たちは学ぼうにも教室や本や紙も十分ではなく、大変なる苦境にあるといえますが、詩人（佐藤《さとう》春夫《はるお》）はかつて慶應義塾学生のためにこう歌いました。

まなこを挙げて　仰ぐ青空
希望は高く　目路《めじ》ははるけし
慶應義塾の　若き学生　（「慶應義塾普通部の歌」）

福澤先生はもっとはるかに苦しい勉強をされたのだから、私たちもまた発奮《はっぷん》していこうではありませんか――。

信三は、退院の挨拶として、このような言葉を塾生に贈ったのです。

しかし、慶應義塾の中の一部に、小泉塾長続投を反対する人がありました。それは、戦争が始まってからの塾長は、学内を引き締めて学生を奮い立たせ、学徒出陣を励ましたからだ、という声でした。また、空襲で大火傷を負い、退院したとはいっても歩行は困難で、しばらくは療養しなければならない身なのだから、潔《いさぎよ》く辞任してはどうか、といった声でした。

信三は、塾長としての責任を回避するつもりはありませんでしたが、勝つために戦争に協力したことをとやかく言われることは、許せない気持ちでした。信三が公職追放にあたるかどうか、アメリカ軍が取り調べに来た時もそうです。「自分は戦争に反対だったが、戦争が始まってからは熱心に協力した。どこの国でも国を愛する者はそうするだろう」とアメリカの士官に言うと、その士官は確かにそうだと納得していきました。

信三はGHQに対して事情を説明する時にも、このようなたとえ話をしました。ある船の乗組員が、台風が近づいていて危険だから出港すべきではないと訴えたにもかかわらず、出港すべきと言う者が多数で、結局港を出た。そして大嵐にあって浸水した時に、自分は出港に反対だったといって、他の乗組員が水かきをしているのを手伝わずに、船の転覆《てんぷく》と自分自身の溺死《できし》をただ待たなければならないのか。信三は、たとえ出港に反対したからといっても、船上での緊急の勤めを行うべきだと訴えたのです。そして、もし今後、日本が同じように戦争への道を進んだとしたら、より賢明に勇敢《ゆうかん》に開戦を反対するだろうし、そして、もし不幸なことに戦争が始まったとしたら、やはり勇敢に誠実に国のために戦うだろう、とも言いました。

戦争に対するスタンスについては、いつでも筋の通ったぶれない軸を持っていました。信三は度々《たびたび》アメリカ軍の取り調べを受けましたが、結局公職追放の該当者にはならなかったのです。全国ほとんどの大学で、学長が戦争責任を問われて退任した中で、慶應義塾だけが例外となりました。

戦時中の愛国的行動に対する塾長の進退問題についても、この時期に度々、塾関係者と話し合いが持たれました。塾長問題について慶應義塾大学がもめていると、新聞が書きました。大学構内に掲示された「塾生諸君に告ぐ」が剝がされている、と書いたのも新聞でした。家族にとっても、その新聞を読む信三本人にとっても、悪く言われることは本当に悲しいことでした。しかし、それはおそらく、他の誰が塾長を務めたとしても、誰も絶対に避けられない事態でした。信三以外に福澤諭吉の慶應義塾を守れる人はいませんでした。愛する学校のためにやってきたことだっただけに、慶應義塾内部からの批判の声は、悲しいことでした。

信三は、自分が公職追放になってもおかしくないし、場合によっては、もっとひどい目に遭《あ》っても仕方ないと腹をくくっていました。ですから、自分が非該当者になった以上は、公職追放になってしまった知人友人のために尽力しなければと考えました。GHQに宛てて、その個人個人の実情を訴えて、公職追放を解除してもらうように要請《ようせい》する手紙を書きました。人からその陳情書《ちんじょうしょ》を書いてくれないかと頼まれれば断りませんでしたし、時には頼まれもしないのに、自分から手紙を書いたこともありました。戦犯容疑《せんぱんようぎ》をかけられて逮捕されようとしていた塾関係者を救うために、GHQ最高司令官であるマッカーサー元帥《げんすい》に宛《あ》てて、それはまったく間違っていることで撤回してもらえないかという必死の手紙を書いたこともありました。それは塾を守るために、塾長である信三にしかできないことではなかったでしょうか。

昭和二十一（一九四六）年十二月七日。信三とみ夫妻の結婚三十年のお祝いに、庭球三田会の会員が、戦後の食糧難の中にありながら、トラックにお酒と肴《さかな》、お赤飯を積んで、小泉宅を訪れました。お世話になった先生に元気になってもらいたいと、庭球部長時代の部員たちが企画してくれた会でした。午後二時に始まった会は、夜中まで賑やかに続きました。思えば、この時から丁度五年前、彼らが結婚二十五年の銀婚式を開いてくれたのでした。あの時は信吉もいました。楽しかった会の翌日に、戦争が始まったのでした。信三は、五年前のあの時から一変してしまった現在を思い、まさに激動の五年間であったことをしみじみと感じました。感無《かんむ》量《りょう》の酒席でありました。

昭和二十二（一九四七）年一月、任期満了につき信三は塾長を退任しました。それ以降も、大学構内のある教室には、戦時中に信三が諭《さと》し示した「塾長訓示」がまだ残って、黒板の横に貼ってあったと言います。戦争が終わり、小泉塾長が退任し、そして信三亡き現代にあっても、「塾長訓示」の格調あるメッセージは今も生きているのです。

第四章　戦後日本の巨星へ

――勇気ある自由人

一　東宮御教育《とうぐうごきょういく》

信三の戦後が始まりました。

退院直後は、家の中であっても家族に支えてもらわなければ歩けず、また、途中で休憩するための椅子《いす》を廊下に置かなければならないほどでした。しだいに体力は回復してきたものの、足の力は簡単には回復しませんでした。家の中でもステッキは手放せない状況で、外出はとても困難でした。世の中の見聞がおくれることを心配したかつての木曜会のメンバーが、小泉宅に色々な方面の専門家を招いて、話を聴くという会を催してくれました。毎月第二土曜日の午後に開かれたこの会は、小泉の「泉」の字から「白水会《はくすいかい》」と名付けられ、長く続きました。信三は、世の中へ開かれる唯一の窓だと、とても喜びました。昭和二十一（一九四六）年四月のことです。

昭和二十二（一九四七）年一月に塾長を退任した時、信三は五十八歳になっていました。思えば、塾長になった時は四十五歳。あれから十三年と二カ月の月日が経っていました。戦前・戦中・戦後の激動の時期を、塾長として務めあげましたが、塾長を退任したとたん、長年どっしりと肩にのしかかっていたものの力が抜けました。ゆったりとして、空気が胸いっぱいに吸えて、心が楽になった気分がしました。信三の第二の人生が、いよいよここから始まるのです。

戦後最初の写真（署名入り、昭和24年、撮影　今井康道）

戦後のスタートとして忘れられないのが、この年の五月に行われた慶應義塾創立九十周年記念式典です。天皇陛下をお迎えして三田で行われました。信三はあの空襲以来、初めて三田の山上にのぼりました。二年ぶりの母校に感無量《かんむりょう》の思いでした。荒廃《こうはい》したキャンパスから立ち直り、必ずや復興《ふっこう》をとげようという気概あふれるこの式典は、慶應義塾の再出発の日となりました。

式典後には、小泉家に当日の参列者がお見舞いとお祝いに訪れました。それまでは信三の容態を気遣い遠慮して、痛々しい火傷後の姿にあえて会わなかった人が多くいました。三田キャンパスで信三を見かけた人が、もう会ってもよいのだと、挨拶解禁となったのでした。多くの来客と接する生き生きとした信三を見て、妙は「父の戦後は、この日に始まった」と言いました。

この日、さらに嬉しいニュースが飛び込みました。それは、中国で終戦を迎えて以来消息不明だった、長女加代の婚約者、秋山正《あきやまただし》から葉書が届いたという奇跡でした。

塾長を退任した信三は、ごく自然に、自由な文筆家になりました。

幸いに、一年ほど前から手の指の自由がきくようになり、原稿を書く自信も戻りました。塾長就任前後に、学生向けに多くの随筆集を書いた時と同じように、書きたいという情熱が筆を進めました。その頃から、毎日六時間ほど文章を書き、自分で「書籍製造業《しょせきせいぞうぎょう》の再開」と言ったほどです。

世の中に激変がある時は、本が読まれる時でもあります。戦争に敗《やぶ》れた日本は、どうやって国を建て直していくべきか、国民はその道案内を求めていたのです。信三の一本筋の通った論説は、広く国民に受け入れられました。戦前に書いた『マルクス死後五十年』や『初学経済原論』を改版して出すと、驚くほどに売れました。文筆活動の熱は、ますます強くなっていきました。外国の人に、何の仕事をしているか聞かれると「作家です」と答えるくらいでした。

マルクシズム批判を書いた『共産主義批判の常識』(昭和二十四年)、『私とマルクシズム』(昭和二十五年)、『共産主義と人間尊重』(昭和二十六年)は三部作と呼ばれ、一作目である『共産主義批判の常識』は、この年のベストセラー第二位になりました。

『読書雑記』、『読書論』は、戦後の混乱した中で、知識を求めていた国民に感銘を与え、大いに読まれました。そして、雑誌『文藝春秋』や『新文明』には、読書のこと、友のこと、スポーツのことなど様々なジャンルの随想を書き、これも好評を博しました。

信三の書く文章は、論理的で明確にはっきり考えられていました。だからこそ、読み手にもとても分かりやすかったのです。まわりくどいことは言わず、そのものの本旨《ほんし》をずばりと伝える爽快さ、潔さがにじみでています。さらに、その表現が秀逸《しゅういつ》でした。多くの読者が、「そうそう、それが言いたかったんだ」と、自分では書けないその巧《たく》みな文章表現に舌を巻いたのです。信三は、優れた立派な文章を書く人として、広く認められていくことになりました。

戦後、塾長を退任してから、博識《はくしき》で決断力に富む信三には、国の政治をつかさどる国会議員、さらには国務大臣など色々な公職の依頼がありました。信三はそれらを全部断りました。しかし、たった一つの例外がありました。

それは、皇室に関する依頼でした。まだ塾長の任期中であった昭和二十一（一九四六）年四月に、天皇の御意思に基づく指示により、「東宮《とうぐう》（皇太子《こうたいし》）の学問に関する重要事項に参与《さんよ》すべし」との命を受けました。昭和天皇は、これからの日本のためにと、皇太子殿下（現在の上皇）の教育について深く考えていらっしゃったのです。当時の宮内庁長官は天皇陛下の意向を受けて、信三にその任を受けてくれないかと頼みこんだのです。

「帝室《ていしつ》は政治の外にあおぐものであり、そうして初めて尊厳《そんげん》は永遠のものとなる」という福澤諭吉の『帝室論《ていしつろん》』に、天皇陛下はご関心がありました。だからこそ、福澤諭吉の後継者としての信三を、陛下はお選びになったのでしょう。

いまだ歩くことがままならない信三は、健康上のことを理由に、幾度も幾度も丁重にお断りしていたのですが、日本という国と皇室の安泰《あんたい》を考え、皇太子殿下のご教育という大事なことに携《たずさ》わることを、ついには承知したのでした。

東宮御《とうぐうご》教育参与《きょういくさんよ》という役割は、毎週二回か三回、東宮御所へ参るというおつとめでした。

はじめのうちは、それが体にとって簡単なことではありませんでしたが、一度お引き受けをしたことだからと、規則正しくつとめました。福澤諭吉の『帝室論』、幸田露伴《こうだろはん》の『運命《うんめい》』などを殿下と一緒にかわるがわる音読しました。

皇太子殿下（現上皇陛下）と御教育参与、侍従たち
前列左から２人目が小泉、１人おいて殿下

東宮の御教育の大事な役割の一つに、殿下の進まれる教育課程をどのようにしていくかという話し合いをすることがありました。信三は、殿下にとってスポーツの鍛錬が重要であると考えていました。それは、福澤諭吉の教育方針である「先ず獣身を成して、後に人心を養う」という言葉を、信三もまた大切にしていたからです。

昭和二十二（一九四七）年十月、学習院中等科二年生に在籍し、十四歳の皇太子殿下は、テニスの練習をすることになりました。殿下のコーチは、慶應庭球部出身の石井小一郎《いしいこいちろう》になりました。信三より十五歳年下の石井は、信三が庭球部長時代の強い選手でした。殿下のテニスの練習は、週に一回でしたが、三時間から四時間という激しい特訓でした。

信三は、一つのスポーツに精進《しょうじん》することは、人の心を鍛えると考えていました。ですから、殿下だからといってテニスの練習を甘くすることはありません。打ち損じたボールは、必ず自分で拾わせました。たとえテニスボールが水たまりに入ってしまっても、決してそれを誰かに拾わせることはせず、殿下ご自身が拾うようにと指導しました。

信三が殿下に伝えたかったのは、「フェアプレーの精神」でした。練習試合では、負けた人が次の試合の審判をすることになっています。信三は殿下に対しても特別扱いをせず、フェアに接しました。試合に敗れた殿下に、次の試合の審判をさせました。スポーツの世界では、勝つも負けるも全て自分次第です。負ける理由は弱いからです。自分の力が足りないと勝てないのです。信三は、テニスを通じて、殿下に勝負の厳しさを知ってほしいと願い、そしてテニスを通じて、自分の判断・意志・希望が正しく強いものになるようにと望んだのです。

殿下は、練習を重ねられて、めきめき上達しました。かつて庭球王国を築き、世界で活躍した慶應の熊谷や原田といった名選手も、殿下との練習のお相手をしました。殿下に審判をさせた信三ですが、殿下の試合の審判を引き受けるのも信三でした。審判台の上から殿下のプレーを見て、あまりに上手になられたことに驚きました。そして、そのテニスぶりに品格があることを、何より喜んだのです。

信三が望んだ東宮御教育は、ご進講《しんこう》（学問の講義をすること）によって知識を詰め込むことだけではなく、知力と体力のバランスをとり、将来の天皇としての人格が、ゆっくりじっくりと形成されるように見守ることでした。

皇太子殿下は、テニスに勤《いそ》しまれていたこの頃、ヴァイニング夫人というアメリカ人の家庭教師に英語を習っていました。アメリカの児童文学者であるエリザベス・グレイ・ヴァイニングは、昭和二十一（一九四六）年十月に来日して以来、四年間にわたって皇太子殿下の英語の個人指導を務めました。これは、昭和天皇ご自身が、アメリカ人を殿下の家庭教師にすることを望まれたからです。

東宮の御教育に携わる者同士として、信三とヴァイニング夫人が初めて会ったのは、昭和二十三（一九四八）年三月のことでした。来日から一年半後になってしまったのは、それだけ信三の健康が回復していなかったからです。ヴァイニング夫人は、信三の火傷の痕《あと》にまず驚きました。しかし話していくうちに、傷痕《きずあと》のことなど全く気にならなくなっていきました。それは、信三に大火傷をものともせず、苦難を克服したからこそ滲《にじ》み出る風格を感じたからでした。ヴァイニング夫人もまた、夫との死別という悲しみを克服した人でした。初めて会った二人は、どこか似たところがあると共感したのです。そしてまた、ヴァイニング夫人は、そんな信三を誇らしく思いました。それは、終戦までは肉体的欠陥のある人は皇族の前に出ることは許されなかったのに、こうして信三が殿下の御教育参与に任命されたことが、信三の名誉であると同時に、日本に起こりつつある大きな変化を表しているからでした。

その二カ月後、信三を含む四人の東宮御教育参与は、皇太子殿下に対するヴァイニング夫人の個人教授の様子を参観しました。そして、夫人の殿下御教育に関する考えに、大いなる賛成の気持ちを抱きました。

信三とヴァイニング夫人との公私にわたる交流は、信三が先に亡くなるまで、絶え間なく続くことになりました。

信三が東宮御教育参与となってから二年経ったある日、時の内閣総理大臣芦田均《あしだひとし》が「宮内府《くないふ》長官《ちょうかん》（今の宮内庁長官）になってほしい」と頼みにきました。

信三は、健康上のこともありましたが、文筆家として本を書くことによって日本の教師でありたいと考えていましたから、その依頼を丁重にお断りしました。それに、自由な立場としてマルクシズム批判の本を書いたため、共産主義関係者からの批判によって、皇室に迷惑をかけてはいけないという理由もありました。首相は、「天皇陛下が強く望んでいらっしゃるから、どうか引き受けてくれませんか」と言いました。信三は、やるとなったらとことんやる人です。この病体では中途半端な仕事しかできない、それはとても不本意で、いい加減なことはできないから、と言って断りました。首相は「その通りを陛下に申しあげましょう」と言って、お帰りになりました。

その後、信三はひどく悩みました。天皇陛下が強く希望なさっているというのに、それを断ってしまったからです。陛下のお傍《そば》に常にいて、陛下とお話し相手を務める人、陛下のお力になる人がいなければならないのに、自分勝手なことを言って断ってしまった自分が卑怯《ひきょう》に思えたのです。それでも、もし宮内府長官になったら、陛下の行幸《ぎょうこう》（外出のこと）のお供《とも》ができなければ務まりません。自分にはやっぱり無理だったのだ。そうやって信三は随分と自分を責めたり弁解したりしました。

その後、どこかから依頼されたか、慶應義塾関係者が何回か信三を訪れて、宮内府長官にならないかと話しにきました。健康上のことが断る理由ならばと、信三の入院中に担当した医学部の先生まで口説《くど》きにきたことがありました。信三はこう答えて断りました。「私は日本という国で一番信用がある立場の首相からの依頼を断った人です。首相にお断りしたことを、他の人からの依頼でお受けするということは出来るわけがないのです」と。説得に来た人も、なるほどと納得して帰っていきました。

その後、宮内府長官に就任した田島道治《たじまみちじ》からは、是非とも「東宮御教育常時参与《じょうじさんよ》」を引き受けてほしいと依頼されました。常時参与というのは、皇太子のご教育の実質的責任者のことです。田島は、少なくとも九回は心を尽くして信三を訪ね、なんとか引き受けてほしいと頼み続けましたが、信三も真剣に考えたことですからどうぞお認めくださいと、頑《がん》として断り続けたのです。断り続けながら、陛下のことを考えては心が痛んでいましたが。

結局、田島からのラブコールから半年後、その熱意に負けたか、信三は「東宮の教育に関する重要事項に常時参与すべし」との命を受けました。昭和二十四（一九四九）年二月のことでした。信三は六十一歳になっていました。

信三は天皇陛下（昭和天皇）に拝謁《はいえつ》して、皇太子の御教育について親しくお話を聴きました。陛下がこれからの皇室のあり方を考え、皇太子の教育について深く考えられていることを信三は強く感じました。皇太子ご教育の根本の方針は天皇陛下が決められ、信三がその御意思を受けてご教育をしていくことになりました。信三がお引き受けした仕事は、大変な責任のある任務だと言えましょう。

信三は、次の日本の希望を託せる若い皇太子に、陛下の国家や国民を想う心の深さに負けないくらいの、立派な人間になっていただきたいと願いました。

信三は御進講初日を前にして、殿下にお伝えすべきことを大学ノートに鉛筆でメモ書きをしました。皇太子殿下に対して、決して遠慮はせずに、正しいこと大事なことをまとめたのです。その『御進講覚書《ごしんこうおぼえがき》』ノートに、「殿下の御勉強と御修養《ごしゅうよう》とは日本の明日の国運を左右するものと御承知ありたし」とあります。父君である昭和天皇の日々のお姿が、敗戦後の日本の混乱を最小限にとどめたことを伝え、そのお姿を皇太子は将来の君主として学ぶ義務があると伝えたのです。「天皇が負うべき君主の役割」を、信三は殿下に、厳しく温かく教えていくことになりました。中には、「人の顔を見て話をきくこと、人の顔を見て物を言うこと」「グッドマナーの模範たれ」といったメモもあり、注意すべき行儀作法や気品について、信三は自分の信念を殿下にお伝えしていたことが分かります。

信三は慶應義塾の先生から、将来の天皇陛下の先生となりました。重い責任のある仕事でした。ある時は、自宅での食事中に珍しく無口で、とても元気のない時がありました。心配した妙が「どうなさったの？」と訊《たず》ねると、信三は「東宮様にきつくご注意したんだ」とだけ言って、泣いてしまったことがあったといいます。

二　初孫エリとヴァイニング夫人

東宮御教育に心を尽くし、信三の戦後はこうして始まったのですが、小泉家にとっても、大きな出来事がこの数年にありました。

長女加代が昭和二十三（一九四八）年四月に結婚したのです。相手は、慶應義塾の理事を長く務めた秋山孝之輔《あきやまこうのすけ》の次男正《ただし》でした。次女妙の結婚はその翌年、昭和二十四（一九四九）年十一月のことでした。相手は、信三の義兄であり親友水上瀧太郎の兄、阿部泰二《たいじ》の次男準蔵《じゅんぞう》です。つまり妙のいとこになります。信三夫妻がよくよく考えた末のことでした。

妙の結婚式の半年前には、加代夫婦に長女のエリが生まれました。小泉家では妙が生まれた時以来の赤ちゃんですから、家族中大喜びでした。信三は、病院で初めて対面した孫を見て、「なかなかよろしい」と控えめに喜び、退院前日には、「明日は孫が帰って来るのだな。可愛がってやろう」と、意外にも孫煩悩《まごぼんのう》なお祖父さんでした。

信三が一つ気がかりだったことがありました。それは、顔に残る大火傷の痕を、赤ちゃんが

三田名取邸にて（昭和24年）
左よりとみ、エリ、妙、信三、加代

怖がらないだろうか、ということでした。しかし、その心配は杞憂《きゆう》に終わりました。エリは、次第に信三に懐《なつ》くようになりました。

エリは、泣いていても信三の顔を見ると泣きやんで、にこにこ笑うような赤ちゃんでした。信三は大満足です。加代がエリを連れて実家に遊びに来る時は、信三は真っ先にエリを抱っこしてあやします。自分の大きなお腹にエリを乗せ、お腹をふくらませたり、へこませたりして遊ぶのが好きでした。いつも大喜びのエリでしたが、ある時はたまたま機嫌《きげん》が悪かったのでしょう。信三が抱っこした途端に大泣きしてしまったことがありました。ショックを受けた信三は、その後食事におとずれた庭球部の後輩たちに、随分と八つ当たりをしたそうです。そうかと思えば、信三があやして泣きやむと、「エリ、君は偉い人だ。真の男性美を解する」と言ってはご満悦《まんえつ》でした。

それくらい、孫が可愛かったのです。仲良しの祖父と孫でした。クリスマスになると、信三・とみの二人で一緒にプレゼントを手渡しました。どちらか片方が手渡すと、エリがそう思ってしまうでしょう。孫に気に入られたい気持ちは信三もとみも同じでしたから。エリがおしゃべりができるようになると、信三はなおさらご機嫌でした。家でお酒を飲んでいると、エリが「わあ、みんな飲んだの、えらーい」と褒《ほ》めてくれました。大きな眼をした愛くるしいエリの笑顔は、家族皆を幸せにさせました。

信三は、皇太子殿下を幾度も自宅にお招きしたことがありました。それは、ご経験のために殿下は民間の家を見ておく必要があると考えたからでした。その時に、エリも呼んでご挨拶させたことがありました。東宮御教育参与としての厳しい顔と、孫をあやす柔和《にゅうわ》な祖父の顔、どちらの顔をしていたのでしょう。

昭和二十七（一九五二）年の二月、エリは三歳になる間近に亡くなりました。もともと生まれながらに心臓に病気がありました。加代は手術を希望していたのですが、難しい手術であり成功率も低いということで、祖父二人が反対したのです。エリは加代夫妻たっての願いで、死の床で洗礼《せんれい》を受けました。洗礼とは、キリスト教の儀式で、イエス・キリストの子どもになるという意味があります。

あまりに短い生涯でした。信三は、知人への手紙に「幼孫の生きていたのは一〇〇〇日であったが、病弱に似ず機嫌がよく、人々に愛せられたのは仕合せであった」と書きました。しかし信三の落胆《らくたん》は深く、エリの親である加代夫妻が、逆に信三を慰《なぐさ》め、励まさなければならないほどでした。戦争で受けた信三の心の傷に、エリはいくらかの光を与えて、そうして去っていきました。信三のこれまでの六十四年の人生で、最も悲しい出来事でした。信吉の戦死の時は必死に耐えていたのですが、この時は、今まで一度も見せたことのないような深い嘆きでした。エリの死から一週間、信三は悲しみの中にひたりきりになり、涙は涸《か》れることはありませんでした。娘たちは、あんなに泣いた父を見たことがないと言いました。

信三は、聖アンデレ教会で行われたエリの葬送式《そうそうしき》で、お祈りの言葉として読まれた聖書の一句に心を打たれました。そしてエリが亡くなった二カ月後、信三はエリと同じ聖アンデレ教会の野瀬司祭《のせしさい》より洗礼を受けたのです。

信三はキリスト教の尊い教えをよく研究して、それでよく理解できたらクリスチャンになるという考え方もあるけれど、逆にまずクリスチャンになって、それから教えを学びたいという道を選びました。テニスが上手になってから庭球部に入るのではなく、まず庭球部を信じて入ってからテニスを教えてもらう、ということと同じようなものだと、知人への手紙に書いています。信三はそのような考えでも洗礼を受けられるのでしょうかと、野瀬司祭に相談していますか。「それでよいのです」との返事を受けて、信三は洗礼を決意しました。

人並み優れた知性と理論家である信三が、どうして急にキリスト教信者になったのでしょうか。それは、愛する孫であるエリが洗礼を受けたのなら、私もそれと同じ教えを受けて、ずっとエリと一緒に歩んでいきたい、と強く願ったからでした。信三はエリのことを「我を導く天使エリ」と深い愛をもって呼びました。

信三の洗礼名は「ナタナエル」です。ナタナエルはイエスの最初の弟子の一人で、「その心に偽りがない」とイエスは彼の正直さを賞しました。クリスチャンである信三の姉千が、かねてから信三にふさわしいと選んでいた名前でした。病床にあった千は、長年そうであってほしいと願っていた弟の受洗《じゅせん》を喜びました。

信三は、人生とは何かを考えました。その答えは、初孫を与えられ、そしてあっという間に失うということでした。もともと謙虚だった信三が、これを機会に、さらに人に優しくなりました。それは、エリの死によって信三に神が現れたことの証ではないかと思うのです。信三の社会的活動にも、神への深い信仰があってこその優しさがあふれ出していくようになりました。

信三が洗礼を受けたこの春のこと。ハンセン病療養所の患者たちが一流の野球試合を見たいと願っていることを、洗礼を授けてくださった野瀬司祭から聞きました。信三は、病と闘っている患者たちのことを思い、慶應野球部の部長にそのことを伝え、紅白戦実現に尽力しました。自分の大火傷を忘れて、不幸にも病に侵《おか》されている方たちを慰めようとする信三の強く優しい心に、選手たちは皆「立派な方がいるものだ」と感動しました。そして観戦した患者たちは大いに試合を楽しみ、不自由な手で精一杯の拍手を送ったのです。このようなことも、信三の心に芽生えた「神の愛」があってのことではなかったでしょうか。

ヴァイニング夫人が、満四年に及ぶ皇太子殿下家庭教師の任期を終えて、アメリカに帰国することになりました。信三はそれまでに幾度も自宅にヴァイニング夫人を招き、ユーモアのある楽しい会話に花を咲かせ、いつしか二人は大親友になっていました。帰国を前にして、ヴァイニング夫人と野村東宮大夫《とうぐうだいぶ》、田島宮内府長官、そして信三のメンバーは何回か集まり、皇太子殿下の御将来について、とりわけ御結婚の問題について話し合いました。そしてお相手については、家柄よりも人柄を、という結論に達しました。

信三はある時、ヴァイニング夫人に、

「皇太子殿下の花嫁にはどういう性格の人がいいと思いますか？」

と訊ねたことがありました。ヴァイニング夫人はこう答えました。

「殿下は美というものに対して鋭い眼をおもちだから、器量《きりょう》のよい人でなくてはならない。理智《りち》的な、しかし素直な人でなくてはならない。殿下は愉《たの》しいこと、面白い話がお好きだから、趣味の広い、さまざまなことについて話すことができる人でなくてはならない。花嫁は自分の願いや好みを際限なく犠牲にしなくてはならないような地位につくのだから、心底やさしい気だての人でなくてはならない。と同時に、雑巾《ぞうきん》になってしまっては大変だから、しゃんとした人でなくてはならない。ユーモアのわからない人だったら、やり切れなくなるだろうし、何よりも魅力のある人でなくては、他の美点も何の役にも立たなくなるだろう」

信三はそれを聞き、

「理論としてはまったく賛成です。だが、そんな人を一人、名前をあげて下さい！」

と問うと、ヴァイニング夫人は、日本語で、

「マケマシタ！」

と言って、二人で大笑いになったのでした。

ヴァイニング夫人は、天皇皇后両陛下からの御慰労《ごいろう》で京都、四国、九州をめぐる旅をして、帰京後には勲三等宝冠章《くんさんとうほうかんしょう》を授与されました。そして両陛下が催された宮中での送別会に招かれ、両陛下からの御礼の言葉を受けました。ヴァイニング夫人が、この四年間皇太子殿下の家庭教師を務める中で感じた、殿下の素晴らしいお人柄について話すと、天皇陛下は、「自分の息子がそのように褒《ほ》められるのはうれしいけれど、恥しい気持ちもする」と答えられたといいます。

帰国後、ヴァイニング夫人は、アメリカの子ども向けに小説を書きました。物語に登場する可愛い女の子の名前は、信三の妻と同じ「トミ」で、本の題名も『トミ』でした。日本での生活を懐かしみ、親友の信三家族への恩を表したのでした。また、殿下の家庭教師を四年間務めた思い出を記した『皇太子の窓』は、日本でもベストセラーとなりました。

信三は、いつか近い将来、皇太子殿下の御結婚相手が決まった時には、その発表前に必ずヴァイニング夫人にはお伝えすると約束しました。そして、その約束を信三は守ることになります。八年後のことです。

信三とヴァイニング夫人との文通は、信三が亡くなるまで絶え間なく続きました。そして信三の死後も、小泉家との交流は続きました。

このように、戦争が終わってからというもの、信三は慌《あわ》ただしく求められるままに筆をとり、東宮御教育に携わり、精力的に活動していました。しかし、日本という国の戦後は、まだ完全に復興したわけではありませんでした。この頃、吉田茂《よしだしげる》内閣は、最大の外交問題である講和《こうわ》問題をかかえていたのです。

講和問題とは、戦争を終結するにあたって、どこの国まで講和条約を結ぶかということです。つまり、日本が交戦した国と同盟関係にある全ての国と講和する「全面講和」か、一部の交戦国を除く大多数の国と講和を行う「多数講和」を選ぶかという問題でした。

世の中は、ソ連などを含めた「全面講和」を望んでいる風潮《ふうちょう》で、そういった意見が言論界の中でほとんどを占めていました。しかし吉田茂内閣は、米国を中心に自由主義国との「多数講和」を目指していました。

言論界が「全面講和」一色の中で、信三は新聞や雑誌にまんべんなくその批判を書き、「多数講和」であるべきだと主張しました。講和条約の意味と、日本の置かれている立場を、誰にでも分かりやすいように書き、読み手の心に訴えました。ソ連はアメリカ主導の対日講和に反対し、中国も政権が分裂し、講和会議には出席していない状態でしたから、「全面講和」は実現不可能なことでした。それよりも、実現が可能である「多数講和」によって米国の占領下からできるだけ早く独立することの必要性を力説したのです。

これは本当に勇気ある言動でした。百人のうち九十九人までが主張している意見に、真っ向から反対する立場をとったからです。論壇でこのような主張をする人は初めてでした。吉田茂首相は、日本という国の独立を回復するために、しばしば信三を訪れては意見を求めていました。結局どちらの論争が正しかったのかは、その後の歴史が証明してくれています。「平和の名より平和の実を」という信三の主張が正しかったことになります。

昭和二十六（一九五一）年九月、サンフランシスコ講和条約によって、日本と連合諸国との講和がとりおこなわれました。これによって第二次世界大戦がようやく終結し、日本の独立が回復されたのです。吉田茂首相と、それを支えた信三がもぎとった独立でした。信三は、恩師福澤諭吉の教えを受け、世界の日本を作ろうとしたのでした。

吉田茂の十歳年下になる信三は、一国の総理大臣から信頼されていたということになります。二人の親交は、長く続きました。吉田茂からの信三宛ての手紙は、八十通以上残っています。

ある時、こんなことがありました。吉田首相が何の約束も連絡もなしに信三を自宅まで訪ねられた時、信三は丁度お昼ご飯を食べていたところでした。玄関に出た書生《しょせい》（住み込みで家事を手伝いながら勉強をする学生）は、「吉田さんがいらっしゃいました」と信三に伝えたのですが、信三は自分より十四歳年下になる幼稚舎長の吉田小五郎《よしだこごろう》先生だと勘違いして、「食事をしているからちょっとお待たせしておいてくれ」と書生に頼んでしまったのです。吉田小五郎はその頃よく小泉邸を訪ねていたので、てっきりそうかと思いこんでしまったのでしょう。食事が終わって「お待たせしました」と応接間に入ったら、なんと吉田首相だったので、びっくりして、しきりに謝ったという面白いエピソードが残っています。

この吉田首相のすすめで、信三は欧米諸国を視察することになりました。皇太子殿下がエリザベス女王の戴冠式《たいかんしき》参列にあわせて欧米諸国をまわられることになったので、その旅行の先々で殿下に時々お目にかかり、あわせて信三にも、あくまでも自分の勉強として各国を歴遊《れきゆう》してほしいということでした。殿下が欧米各国を学んで帰られた時に、その御教育の責任者がそれを知らないということは恥しいだろう、という吉田首相の計らいでした。昭和二十八（一九五三）年のことです。

信三はとみを連れて五月に出発。イギリス、フランス、イタリア、ベルギー、西ドイツ、スウェーデン、スイス、アメリカをまわって、十月に帰国しました。

ロンドンには二カ月滞在しました。荘厳《そうごん》で長かった雨の中のエリザベス女王戴冠式をはじめ、ウィンブルドンでテニスも観戦しました。また、留学以来四十年振りに下宿先を訪れもしました。あの時お世話になった下宿の老夫婦はおそらく生きてはいないだろうし、四十年前のことを知る人もいないだろうと、外から下宿の家をながめて、そのまま帰りました。留学時に毎日通った大英博物館読書室の一角に、自分が好んで座った椅子が変わらずにあったことを喜びました。とみもまた、香蘭女学校時代の恩師や旧友に再会することができ、一番気に入った国はイギリスになりました。

信三夫妻の外遊《がいゆう》は、延べ八カ国、五カ月にも及びました。各国の主要な見学地や大学をまわり、経済学者と語り合い、スポーツや舞台や美術館博物館をめぐり、書物を購入し、同じ敗戦国であるドイツやイタリアの被害と復興を自分の目で確かめました。アメリカでは、信三が若い教授時代に、ハーバード大学から慶應義塾の教師として招かれ、十一年間共に教壇に立った旧友の博士との再会もありました。がっしり握手した時に博士はポロポロと涙をこぼしました。あの端整《たんせい》な顔立ちの小泉君の、あまりに変貌《へんぼう》した焼けただれた顔面に、憐《あわれ》みと悲しい歴史を感じたのでしょう。フィラデルフィアでは、ヴァイニング夫人の自宅に皇太子殿下と共に招かれ、夫人と感激の再会を果たしました。

こうして信三・とみ夫妻の、百四十四日の旅は無事に終わりました。七冊ものノートに信三が書き留めた欧米諸国での見聞は、『外遊日記《がいゆうにっき》』にまとめられました。

日を改めて行われた宮内記者団との会見で、皇太子殿下への今後の御教育について問われた信三は、「殿下の御教育について私も新しい欧米を知る必要があり、それがこんどの旅行の目的だった。いろいろ得るところはあったが、私は一種の現状主義者なので、今後の殿下の御教育に格別の変化が起きることはない」と述べています。とはいえ、六十五歳の信三には、自分の勉強はもちろん、殿下の御教育という立場からも、きわめて貴重な経験になったことはいうまでもありません。

帰国の翌日、吉田茂は信三の労をねぎらって手紙を書いています。そこには、「殿下はいたるところで御態度が御立派で、ただただ感涙のほかない。これもひとえにあなたの御指導の結果であり、心から御礼申し上げます」と書かれていました。

昭和三十二（一九五七）年二月、岸信介《きしのぶすけ》内閣となったとき、岸首相から「外務大臣になってもらいたい」と信三に依頼がありましたが、もちろんそれをお断りしました。信三にとって、大きな大きな仕事が控えていました。

三　皇太子の御成婚《ごせいこん》

殿下がエリザベス女王戴冠式に参列されるに先立って、駐英大使《ちゅうえいたいし》がそのご準備にという厚意で、ハロルド・ニコルソン著『ジョオジ五世伝』を贈りました。立憲君主国《りっけんくんしゅこく》の君主の伝記としては、当時最も新しく詳しいものでした。信三は、この本をテキストとして、殿下と読み進めていきました。そして、そこに書かれている様々な問題について、話しあったのです。全巻五百三十一ページを読み終えるまでに、約四年半かかりました。

外遊から戻り『ジョオジ五世伝』を読み始めた頃、皇太子殿下は、もう二十歳を越えた立派な青年になられていました。人々は皇室の繁栄となる皇太子殿下の御婚約を待ち望み、どんな方を選ばれるのかという純粋なる興味を抱いていました。東宮御教育という立場から、信三はもう何年も前から、この問題について考えてきていましたが、それだけに、人々にはそっとしておいてもらいたいと感じていました。

皇太子殿下の御結婚相手については、ヴァイニング夫人とも話し合ったように、どういった方がよいかという方針については定まっていました。多くの意見を十分に聴き、そして殿下の御意向も細かに伺ってはいました。

しかし、具体的に候補がいるというわけでもありません。国民の善意からなる期待が高いことも分かっています。しかし、それを面白おかしく新聞や雑誌の記事にされることは、はなはだ不本意でした。まだまだ妃殿下《ひでんか》になられる候補はいないというのに、勝手に新聞・雑誌が候補者といって名前や顔写真を載せてしまったらどうなるでしょう。報道は加熱するばかりです。そして当の女性は大変な心の負担を強いられることになります。信三は、そうはならないように大変気を遣いました。

昭和三十二（一九五七）年夏のことです。信三はとみと妙を連れて、軽井沢の万平《まんぺい》ホテルに滞在していました。ホテルから歩いてほど近い軽井沢会テニスコートで、国際親善テニストーナメントの試合が行われていました。この試合に、皇太子殿下はダブルスを組んで出場されました。殿下はこの試合に勝ちあがって、第四回戦を迎えました。相手は、若い女性と外国人少年が組んだペアでした。女性は、少年に作戦でも相談していたか、積極的にコミュニケーションをとり、落ち着いてプレイをする人でした。

この試合を観戦していた信三は、実力からみて、「この試合は当然殿下が勝つだろう」と思っていました。案の定、第一セットを殿下がとった時点で、信三は用事があって帰りました。学習院長であり、同じ東宮御教育参与である、安倍能成《あべよししげ》のお宅を訪ねに行くためでした。安倍家からの帰りに、信三は殿下がお泊りのプリンスホテルに寄りました。そこで、なんと殿下が負けたことを知ってびっくりしたのです。

その若い女性の名前は、正田美智子《しょうだみちこ》さんといいました。後にお妃《きさき》となられた今の皇后陛下《こうごうへいか》です。

この試合の顚末《てんまつ》はこうでした。第一セットを殿下が取り、第二セットも五対二か五対三で殿下がリードして、あと一ゲームを取れば勝ちが決まる、という試合展開でした。ところが、そこから急に殿下もパートナーも調子が悪くなり、段々と相手が盛り返してきたのです。そして結局は、第二セットもファイナルセットも落とし、正田嬢ペアが大逆転勝利を収めたというのです。殿下の実力としては、大変悔やまれる試合でした。

テニスコートに殿下がいらっしゃってテニスの試合をするとなると、当然多くの見物人が来て、大観衆が注目することになります。殿下にとっては毎回のことなので普段通りといえますが、殿下の相手にとっては、いつもと違ってとても緊張してしまい、自分の思うようなプレイができなくなるものです。

ところが美智子様は、始めから終わりまで落ち着いていらっしゃいました。全然硬《かた》くならず、堅実にポイントを重ねていくのでした。観衆は皆、その落ち着いたプレイに感心し、そして品のあるお嬢さんだと褒めました。殿下はこの試合を終えて、「打っても打っても返されてしまった」と、初めて会ったテニスの強い女性のことを讃《たた》えました。

この品格のある女性が、後に皇太子妃に選ばれようとは、この時誰も想像できませんでした。もしかしたら、殿下だけはこう感じていたかもしれません。「私と試合をしても物怖《ものお》じせず、冷静着実にポイントを重ねて勝利をものにしたその女性が、この世界で唯一、私と共に人生を歩んでくれる女性になるかもしれない……」と。

この「軽井沢での世紀の出会い」を、東宮御教育参与として信三が御膳《おぜん》立《だ》てしたのではないか、と随分噂されたことがありました。しかし、そんなことはありません。なぜなら、この試合の組み合わせ抽選には、信三は一切関わっていませんし、しかもお互いのペアは数回ずつ勝ち上がって、四回戦で対戦したからです。

ただ、信三は美智子様のお祖父様とは面識がありました。美智子様の叔父上が塾生だった当時に、御殿山の自宅で会ったことがありました。ですから、殿下に勝った女性の名前を知った時、親しみをこめて「正田さんのお孫さんか」と思ったのですが、ただそれだけのことでした。

殿下と美智子様は、この軽井沢でのテニスをきっかけにしてご親交を深め、ゆっくり時間をかけて、理解と信頼と愛を育まれていったのです。

翌年の春頃、信三は新聞各社、ラジオ・テレビなど放送各社を自分の不自由な足でまわって訪れました。皇太子殿下のお妃問題について、殿下の御婚約が正式に発表されるまでは、どうかお妃候補の名前を出さないでほしいと協力を頼んだのです。もちろん、国民はお妃となる方のことを知りたがっているし、それを伝えるという報道各社の仕事へのプライドがあることも分かっていました。信三自身も、皇太子妃がきちんと決まったら、出来るだけ早く発表すべきだと考えていました。しかし、もし万が一、間違った報道があったらと考えると、お妃候補の名前をあげることだけは絶対にやめてもらいたいのだと、理解を求めました。

大きな新聞各社は、文筆家小泉信三との日ごろのよしみで、快くそれを受け入れてくれました。正式発表があるまでは、絶対にお妃候補の名前は報道しないという報道協定《ほうどうきょうてい》を約束し、それを守ってくれたのです。

週刊誌各社をまわることはしませんでしたが、とある一誌に「読者への手紙」と題して、「お妃問題はできれば自分の社が一番にそれを発表したい気持ちは分かるけれども、はっきりと名前を出して想像記事を書くことは心無いことだ」と書いて、理解を求めました。

軽井沢のテニスコートで出会った夏から、一年近くの時が経ちました。七月二十三日、天皇皇后両陛下がご滞在中の葉山御用邸《はやまごようてい》で、皇室の大事な会議が行われることが決まりました。どうやら、殿下の御成婚についての大事な話のようです。

信三はその数日前から、御殿場の家でとみと妙と過ごしていました。その日は御殿場から電車に乗って、一度家に帰り、午後二時からの会議に間に合うように、車で葉山御用邸に向かう予定でした。ところが、台風十一号が上陸したため、帰りの東海道線が動いたり停まったりと、何時間かかってもなかなか横浜にすら着かないのです。信三は焦《あせ》りに焦りました。両陛下をお待たせするわけにはいきません。どうしても会議に間に合わなければならないのです。信三は苛立《いらだ》ちを隠せずに、塊《かたまり》のようになっていました。何としてでも行かなければならない信三の気迫《きはく》に、とみも妙も怖くて何も言い出せず、同じように塊になっていました。

嵐で停まった電車の中で、信三は、「電車から飛び降りて線路を歩いて横浜に行く」と言い出して、出口に向かって歩いていきました。こんな雨の中、足の悪い信三が歩けるわけがありません。それに電車から飛び降りることすら、信三の足では無理でしょう。とみと妙は、必死になって止めるのですが、信三は言うことを聞こうともしません。たまたま同じ車両に乗っていた自衛隊士官《じえいたいしかん》が、それは無理だと止めたおかげで、信三は思い留まりました。

そのうち、やっと電車が動いて、何とか横浜に到着しました。信三は、そこから横須賀線に乗り換えるのですが、ホームへの行き方が分かりません。目前のシュウマイ弁当屋に道を教わりました。御礼にシュウマイを二箱買い、一箱は横須賀線の車中で食べました。逗子《ずし》駅からタクシーに乗り換え、その運転手にもう一箱のシュウマイをあげて、車を飛ばしてもらいました。午後二時ぎりぎりに、奇跡的に信三は葉山御用邸に到着し、大事な会議に間に合ったのです。この会議で、殿下と美智子様の御婚約が決まったと言われています。

正式な御婚約発表まで、信三は何とか美智子様をお守りしなければなりませんでした。ところが、とある女性週刊誌が、正式に報道協定を結んでいないからといって、記事を出してしまいました。信三は大変に怒りました。自宅にかかってきた電話に対して、もの凄《すご》く大きな声で怒鳴《どな》りちらしました。見かねたとみが「そんなに怒らなくてもいいんじゃない」と穏やかに言ったら、信三はキッとにらんで、「君は週刊誌の味方か」と怒鳴ったものですから、怖くなったとみは、夫の転勤で関西に行っている加代から誘われたのを幸いに、加代の家に行き、数日休養したのでした。

今まで必死になって一番大切でデリケートな部分を守ってきたというのに、心ない記事が出てしまって、ついつい信三も平静を失ってしまったのです。とみがいなくなって、留守番を任された妙は大変でした。でも、留守番のご褒美《ほうび》に、信三は妙に「この方に決まる」と言って、美智子様の写真を見せたのでした。報道各社に約束を守らせている中で、自分の娘に誰よりも先に教えてしまった信三でした。今まで出かける時は、必ず家族に行き先を告げていた信三が、ここしばらくは「出かけてくる」としか伝えない毎日でした。家族も「どちらへ」と聞けない雰囲気がありました。家族にすら隠し通さなければいけなかったことは、信三にとってさぞ大変だったことでしょう。

とみが加代の家に行ってしまっていた時のことでした。記者に追われた美智子様が母校である広尾の聖心《せいしん》女子大学に逃げ込まれるという騒ぎがありました。知らせを受けた信三は、丁度その夕、早慶戦に出場した庭球部の選手たちを食事に招いていました。信三は慌てて出かける準備をして、「出かけてくる。選手たちには急用で出たから待っているように言え」とだけ妙に伝えて、行き先も告げずに出かけて行ってしまいました。信三は美智子様のいる聖心女子大学に向かったのです。

正田美智子嬢に直撃インタビューを目論《もくろ》んだ多くの記者たちが、美智子様が出てこられるのを待ち構えているところに、信三が怒ったような顔をして、不自由な足で奮然《ふんぜん》と歩いてきたのです。記者たちは（やっぱり小泉さんが来た）と少し怯《おび》えて、結局それ以上は踏み込むことは出来ませんでした。一方招かれた庭球部の選手たちは、事情も分からずに信三の帰りを待っていました。信三は帰ってきて、たった一言、「すまない。待たせた」とだけ言って食事を始めました。事情は当然、一切言いませんでした。

その数日後の夜、信三は五反田の正田邸を訪れました。客間の暖炉を前に美智子様のご両親と話しました。太い薪《たきぎ》が燃えていました。その後、ご両親は別の部屋に移られ、信三は美智子様と二人きりで話しました。殿下のことについてでした。

「私は殿下のお側《そば》にいるものとして、殿下の長所も短所も承知しているつもりである。ただ誰に向かっても言えることがある。それは殿下が誠実で、およそ軽薄から遠い方であること、また、はやくから人を見る明があって、謬《あやま》らないこと、これである。これだけはよく御承知になっていただきたい」

信三は美智子様に、続けてこう話しました。

「殿下はまたかつて私に、自分は生れと境遇からも、どうしても世情に迂《うと》く、人に対する思いやりの足りない心配がある。どうか、よく人情に通じた、思いやりの深い人に助けてもらいたいものだ、と言われたことがある」

二人きりでの話の後に、ご両親とご兄弟が現れて、しばらく雑談をして信三は正田邸をあとにしました。お妃になることについて、正田家の最終的承諾を得るための訪問だったのでした。こうして、皇太子殿下と美智子様の御婚約が確かなものになりました。昭和三十三（一九五八）年の秋、十一月十三日のことでした。

翌日、信三が行ったことは何でしょうか。それは、皇太子妃の名前を公表する前に、必ずお知らせすると約束した、ヴァイニング夫人に手紙を書くことでした。「正田嬢の美しさや、立派な性格、知性などは最高の評判をとるものであります」と書き、かつてヴァイニング夫人が述べた理想の方と同じであることを伝えたのでした。こうして信三は、八年も前の約束を律儀にしっかりと守ったのです。

御婚約発表がなされた十一月二十七日、信三は、記者会見で東宮御教育常時参与としての見解を求められました。教科書による勉強を離れてのお話では結婚の問題が重きをなしていたこと、殿下が思いやりの深い人の助けを得たいと言われていたこと、正田美智子嬢は知性的にも情操《じょうそう》的にもあらゆる意味において立派な方であると伝えたこと等を、多くの報道関係のカメラの前で話しました。、日本国民にとっての「時の人」になった信三でした。全ての苦難が報われた瞬間でした。

新聞各紙からは、報道協定を守るかわりに、御婚約発表の日には必ず御婚約に関する原稿を書いて渡してもらいますよ、との約束をしていました。「約束は守らなければならぬ」というのが信条の人です。信三は発表当日に渡した約束の原稿の中で、報道機関の協力に心からの感謝を伝えました。反対に、信三に感謝する記者もいました。実は美智子様ではなく他の方だと思って、その名前を発表しそうになっていたところ、報道協定のお蔭で誤報をまぬがれたというのです。まさに信三が心配していたことを防ぐことができたのでした。

殿下と美智子様の間を取り持った人物として、信三は世間の注目を浴びました。「プリンスの恋を実らせた人」、「皇太子婚約のかげの人」といった見出しで、週刊誌は大々的に特集記事を扱いました。

皇太子殿下の御婚約が正式に発表されるまで、気苦労が多く、多忙をきわめた信三は、精神的にも体力的にもかなり疲れていたはずでした。

しかもこの年は、福澤諭吉が築地鉄砲洲に蘭学塾を開いた一八五八年から数えて、記念すべき創立百年の年でした。おまけに、慶應義塾評議員会という塾の最高決定機関の議長にまで選ばれて、大忙しでした。築地鉄砲洲に「慶應義塾《けいおうぎじゅく》発祥《はっしょう》之《の》地《ち》記念碑《きねんひ》」が建ち、様々な記念行事や会合が目白押しでした。信三は、福澤先生への恩返しという気持ちで、決して手を抜きませんでした。信三はあまりの激務に、夜眠れなくなりました。

慶應義塾創立百年記念式典は、日吉キャンパスの記念館に天皇陛下をお迎えして行われました。殿下御婚約発表のわずか三週間前である十一月八日のことです。前日の夜に、強い睡眠薬を飲んだ信三は、朝起きてもすっきりせず、式典での塾員代表祝辞は随分とゆっくりとしたスピーチでした。家のテレビで式典を見ていた妙は、信三が倒れるのではないかと、ひやひやしていました。

しかし、素晴らしい祝辞でした。「独立の気力なき者は国を想うこと深切《しんせつ》ならず」という福澤の言葉を引用し、福澤諭吉死して五十七年たった今も、その教えは今日もなお昨日のように新しく、その正しい教えに導かれてこれからの百年を力強く踏み出そう、という名演説でした。

皇太子同妃両殿下肖像写真（昭和 34 年頃）

この式典が終わってすぐに、信三は車に乗って皇居に向かいました。それは御《ご》臨席《りんせき》いただいた天皇陛下へ、御礼の記《き》帳《ちょう》に上がるためでした。日吉から車に乗って、気付いたらもう皇居に着いていました。信三がいかに疲れていたかが分かります。

翌昭和三十四（一九五九）年四月十日、皇太子殿下と美智子妃殿下の御成婚の儀が宮中賢所《きゅうちゅうかしこどころ》で行われ、信三も参列しました。お二人の姿がおとぎ話の中の光景のようであり、そして大変落ち着いていらっしゃったことに、信三は感無量でした。軽井沢のテニス大会から、一年八カ月後のことでした。

両殿下は、お二人の肖像写真に署名を添えて、信三に贈りました。全ての感謝の思いが、そのサインに刻まれていました。信三は、この写真を何より大事にして応接間に飾りました。

四　「練習は不可能を可能にする」

両殿下御成婚の年に、信三は経済学者として初めて文化勲章《ぶんかくんしょう》を受章しました。仕官《しかん》（役人になること）に反対した福澤の門下生として、信三は全ての栄典《えいてん》を断りました。今までにも国務大臣などの公職を断ってきましたし、東宮大夫や東宮侍従長《とうぐうじじゅうちょう》といった東宮職につかなかったのも、福澤への恩返しとしてその精神を継承する道を選んでいたからでしょう。その信三も、文化勲章だけは栄誉として受けました。信三は七十一歳になっていました。

スポーツを愛する信三は、この後も、学生の試合によく出かけました。特に庭球部の早慶戦、六大学野球の早慶戦は欠かさず熱心に応援に出かけました。野球にいたっては、早慶戦以外の慶應の試合にも行きましたし、明治対法政戦などの試合にも「敵状視察《てきじょうしさつ》だ」と言って神宮球場へ足を運びました。本当に野球見物が好きで、勝った負けたで一喜一憂しました。その変わらぬ情熱に、家族は少し呆《あき》れるほどでした。

昭和三十七（一九六二）年六月には、日本学生野球協会の会議に審査員として参加しまし

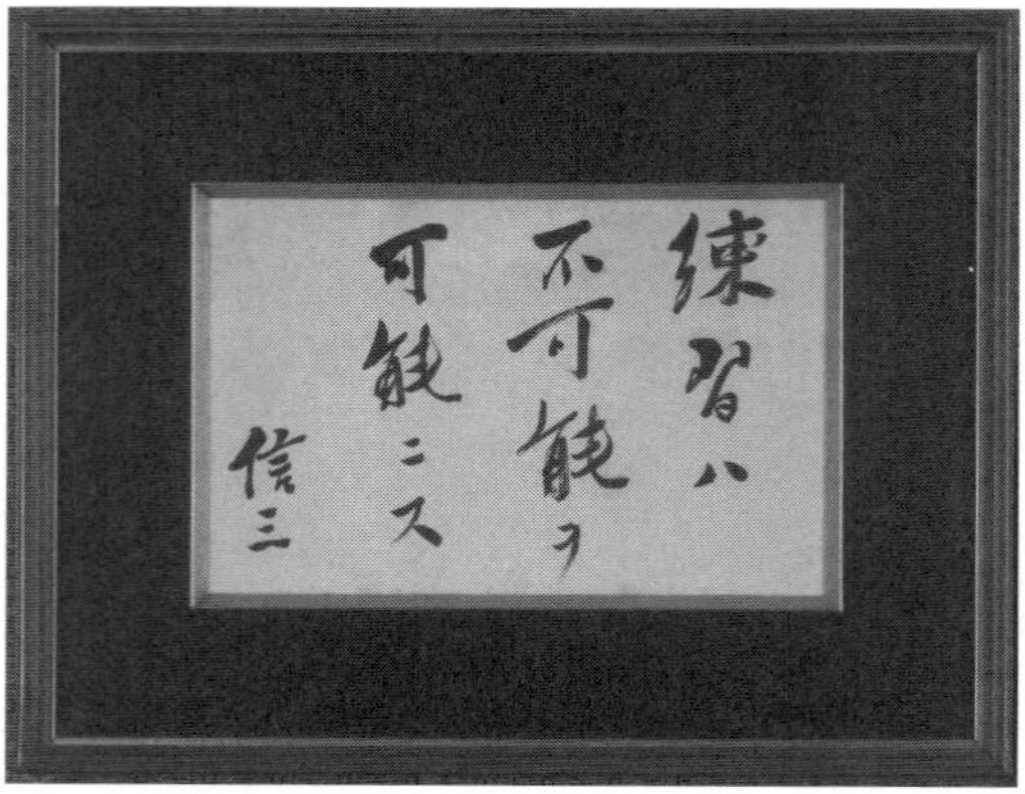

小泉信三遺墨「練習ハ不可能ヲ可能ニス」

た。また、日本体育協会主催のオリンピックデー大会で、信三は「スポーツが与える三つの宝」と題して講演し、その内容を産経新聞に寄稿しました。同年十月には、慶應義塾体育会創立七十周年記念式に招かれて、功労者として表彰を受け、その記念講演として「スポーツが与える三つの宝」を語りました。

「スポーツが与える三つの宝」は、スポーツを愛する信三の持論であり、数ある講演の中でも最も有名なスピーチと言われています。

第一の宝は、「練習は不可能を可能にする」という体験です。はやい話が水泳で、水泳を知らない人は水に落ちれば溺れて死んでしまうけれども、水泳を知る人はたやすく水に泳ぎます。水に落ちて溺れて死ぬのと浮かんで生きるのとでは、別種の生き物といえるのです。さらに、小さな子が水に落ちたのを目前に見て、泳げないから黙って見ていなければならない人と、飛び込んで助ける人とは、道徳的にも別の種類の人間であるといわなければなりませんが、この違いは練習によって得られます。自転車に乗ることも、野球のボールを投げるのも捕るのも、器械体操の人間業《わざ》とは思えない体の動きも、全て練習によって獲得できるものなのです。

第二の宝は、「フェアプレーの精神」です。フェアプレーとは何かといえば、「正しく戦え、どこまでも争え、しかし正しく争え、卑怯《ひきょう》なことをするな、不正なことをするな、無礼なことをするな」ということです。礼節《れいせつ》をもって勝負を争うことにより、「果敢《かかん》なる闘士であれ、潔《いさぎよ》い敗者であれ（Be a hard fighter and a good loser!）」という精神が養われるのです。

第三の宝は、「生涯の友」です。人生の宝となる友達とは、「何を言っても誤解しない友、何でも言える友、喜びを分かち、また苦しみを分かつ友、信じることが出来る友、そして自分を信じてくれる友」です。人生のさまざまな場面でその友を得る機会はあるけれども、運動の練習や試合で敵味方となって戦った友は、生涯で最も大切な友になり得るのです。

信三は、この三つの宝を得られたことを幸せに、誇りに感じていました。この記念式に参加した体育会各部の卒業生や現役学生に対して、その得られた（得つつある）三つの宝を大切にしてほしい、と記念講演を締めくくりました。

三つの宝の第一である「練習は不可能を可能にする」という言葉の最も分かりやすい例は、

やはり運動に関する経験でしょう。誰でも初めての時は出来ないものなのです。自転車に乗ることも、鉄棒の逆上がりも、練習を繰り返すことによって出来るようになるのです。運動だけではなく、苦しくて厳しい勉強や訓練などにもこの言葉は当てはまります。

しかし、信三が言いたかった「練習は不可能を可能にする」とは、容儀礼節《ようぎれいせつ》といった道徳上についてです。人に自然と備わっている心の高さ、どことなく感じられて滲《にじ》み出る気高い上品さは、目指すことによってさらに養われていく、練習によって可能にし得ることなのです。信三は、「練習によって、私たちの品格も高めることができる」と考えていました。

電車やバスの中で、お年寄りや体の不自由な人に座席を譲ることや、困っている人、助けを求めている人に対して正義を貫かなければならない瞬間に、勇気をもって行動することができているのか、それは私たちの品格にかかわってくる問題です。信三は、いつでもそのほんの僅かな勇気を持つこと、また持っていようと常に心に言い聞かせていることこそ、練習によって出来るようになるのだ、と考えていました。電車やバスの中で席を譲ろうと思い続けていることによってのみ、とっさに「どうぞ」という言葉が出てくるのです。その強い心こそ美しい人間の気品なのです。

昭和三十八（一九六三）年、スポーツの熱心な応援者であった信三は、翌年に控えた東京オリンピック開催にあたり、選手強化特別委員会から、その精神的支えになってほしいと依頼されて、名誉顧問《めいよこもん》となりました。東京オリンピック開催に向けて、温かい忠告と激励を続けた信三は、二つのことを期待していました。

一つは世界中から訪れる人々に、日本という国を伝えたいということでした。日本人がいかに親切で礼儀正しいか、そして各競技場がいかによく整備されているか、そして日本という国がいかに清潔であるかというメッセージを全世界に送ることを国民の念願としていました。戦争に負けてから、二十年近くの歳月が過ぎました。空襲で焦土《しょうど》と化したあの悲惨《ひさん》な敗戦から、日本という国は復興を遂《と》げたのです。世界の国の仲間入りを果たしたことに、信三は感無量であったに違いありません。

東京オリンピックに期待したことのもう一つは、試合に勝つということでした。日本国民みんなが願っていることでもありました。そのためには、「一にも練習、二にも練習、三にも練習」であると選手、指導者に要請したのです。オリンピック選手ですから、当然誰もが厳しい練習を積んできたのです。それを承知で、どの世界の選手もそうなのであり、試合に勝つのは厳しい練習に耐えうる国民である、と説いたのです。そして、外国の名選手を迎えるにあたって、これを競技場で打ち負かすことが、彼らに対する第一の歓迎なのだと、指導者を激励しました。

昭和三十九（一九六四）年十月十日、第十八回となるオリンピックが東京で開幕しました。信三は国立競技場での開会式に参会し、その後は重量挙げ、レスリング、バレーボール、体操、柔道などの競技を、会場やテレビで熱心に観戦しました。

東京オリンピックは大成功に終わりました。獲得したメダル数は、金メダル十六個を含む合計二十九個で、アメリカ、ソ連についで、第三位の堂々たる結果でした。しかし、勝負の厳しさを知る信三は、ほどよく練習をして金メダルなどという都合の良い話はなく、メダルを獲れなかったことには、やはり獲れなかっただけのことがあったと戒《いまし》めました。

信三が喜んだのは、メダル数ではありませんでした。それは、東京オリンピックを成功させたいと願う気持ちが、日本国民を一つにしたことを喜んだのです。日本の青少年が日本の国旗と国歌の大切さを知り、誰に強要されたのでもなく、自分から姿勢を正して国旗掲揚《こっきけいよう》を仰ぎ、我々が我が国を愛するのと同様に、他国の人もその国を愛することを知った、ということにも格別の満足をおぼえました。東京オリンピックは、日本人に多くの教訓を与えてくれました。そして、世界の中の日本である、と胸を張ることの自信を与えてくれたのでした。七十六歳の信三は、生きてこのオリンピックを見られたことを誇りに感じました。

戦後、テニスラケットを握れなくなった信三が、唯一楽しむことができた運動は、昔、子どもたちとよく一緒にやったキャッチボールでした。塾長時代にも、三田山上の広場で、塾長秘書とよくキャッチボールをしました。学生たちが見物に集まってくると、信三は余計に張り切って剛速球を投げたものでした。野瀬司祭もキャッチボール仲間でした。

キャッチボールが上達したのは、六十歳を越えてからだ、と信三は自分で言っています。家の前の通りで、暇を見つけては書生さんと投げ合っていました。

昭和四十（一九六五）年四月のことです。神宮球場で行われる東京六大学野球リーグ戦の始球式は、前のシーズンで優勝した慶應が当番校でした。始球式に登板していただけないかと、野球部長は信三に依頼しました。信三は、七十七歳を超えてもなお、投手捕手間の正式な距離（十八・四四メートル）で投げることが出来ましたから、快くそれを引き受けました。

当日、球場に行く前に、信三は野球部のマネージャーと一緒にキャッチボールの練習をしていきました。一球目も二球目もキャッチャーまで球が届きませんでしたが、三球目あたりから、ミットに入るようになりました。肩慣らしはこれで切り上げて、学生と一緒に球場に向か

六大学野球リーグ始球式（昭和40年4月10日）

いました。

さていよいよ始球式です。春のリーグ戦の開幕戦は、東京大学対慶應義塾大学。慶應が先攻です。神宮球場には、「これより元慶應義塾大学塾長小泉信三氏による始球式が行われます」との放送が流れました。おっというどよめきに似た声と共に、拍手が起こりました。信三は、ステッキをつきながらピッチャーマウンドへ颯爽《さっそう》と歩き、東大の投手にそのステッキを渡しました。審判が右手をあげて声高らかに「プレイボール！」と宣言しました。

信三は右足に堅いプレートを踏み、投げました。一瞬届くかな、と思いましたが、球はしっかりとベースの上を通り、右打者の膝あたり、内角いっぱいのストライクを投げたのです。スタンドからは一斉に拍手が起こりました。信三は球場内の喝采を浴びながら、ステッキを受け取って、悠々《ゆうゆう》とマウンドをおりました。

信三は大満足で、子どものような笑顔をして喜びました。学校の試験がすんだ少年の気持ちを味わった、とも言いました。実はこの前の年にも全日本学生選手権大会の始球式で投げていたのですが、この時はキャッチャーの頭を越える大暴投でした。だからこそ、ストライクを投げたことが嬉しかったのです。

新聞各紙は「七十七歳の老体とは思えない好球にスタンドはドッと拍手がわいた」、「テニスで鍛えただけに堂々たる投球ぶり」、「始球式で正真正銘《しょうしんしょうめい》のストライクを投げたのは初めてだろう」などと「見事な投球」と報じました。

信三は各紙を切り抜いて、時々それを眺め、お客さんにもそれを見せました。「自慢高慢《じまんこうまん》バカのうち」というように、人から馬鹿《ばか》と思われたくはないが、したい自慢はやはりしたい、といって、「自慢高慢」という随筆を書きました。そして投球時の写真を友達に配りました。ヴァイニング夫人にまで写真を送ったほどでした。

福澤諭吉の高弟《こうてい》であった父信吉の後を継いで、二代で慶應義塾長を務めた信三にとって、福澤諭吉は生涯の目標であり、生涯の研究テーマでもありました。信三は福澤諭吉の本を読み、福澤諭吉の言葉を語りました。そして福澤諭吉に少しでも近づこうと、熱心に学問に励みました。この苦しみも、あの福澤先生の時代の苦しみに比べたら、といって、敗戦後には塾生を奮《ふる》い立たせ、己《おのれ》にも鞭を打ちました。信三の歩んできた人生は、福澤諭吉への恩返しの人生でもありました。

信三は、福澤学者富田正文《とみたまさふみ》らが編纂した『福澤諭吉全集』の監修者として、福澤研究を奨励しました。全二十一巻に及ぶこの全集は、日本の個人全集として最も完璧なものと言われています。完成までに、実に十三年もの歳月が費やされました。今でも慶應義塾に建学の理念（根本の考え）が色濃く残っているのは、福澤諭吉の数多い著作が完全な形として『福澤諭吉全集』におさめられているからで、この全集の編纂《へんさん》という大事業が、今の慶應義塾をまず間違いなく支えてくれているのです。

富田正文は、この全集編纂によって、日本の学術賞として最も権威ある日本学士院《がくしいん》賞を受賞しました。その賞の審査にあたって、富田正文への授賞を学士院に申請したのは、信三でした。

信三は、自分が「福澤諭吉伝」を書かなければならない人なのだ、ということを認識していました。しかし信三にとって、福澤諭吉はあまりに大きな存在でしたから、生半可《なまはんか》な気持ちで筆をとることができないでいたのです。まわりの人からは、是非書いたらどうかと何度も声をかけられていました。しかし、信三にとって「福澤伝」を書くことは、中途半端な気持ちではなく、かなりの覚悟と勇気が必要でした。物を書くのが苦にならない文筆家の信三にとっても、それだけ神聖《しんせい》な題材だったのです。同時に、いつか必ず自分が書くのだという使命感もありました。長年心の中でその熱い想いを燃やし続けていたのです。

躊躇《ちゅうちょ》する信三を後押ししたのは、とみでした。福澤先生への御恩返しに、是非お書きなさいと勧めました。信三の筆は思うように進みませんでした。何しろ、書く材料が多すぎて、それを選んで縮めることが大変だったのです。これは削ることはできない、これはどうしても書かなければいけない、といって、大変に悩みました。いつも食事中に会話を楽しむ人が、あまりしゃべらなくなりました。いつでも気分が晴れないらしく、憂鬱《ゆううつ》な気分の時が続きました。家族も神経を使いました。信三は偉大なる福澤先生と、真っ向から対峙《たいじ》していたのです。自分の心に負けないで、困難で大きな壁を絶対に乗り越えるのだと、強い気概を実践しているかのようでもありました。

昭和四十（一九六五）年八月、七十七歳の信三は、ついに『福澤諭吉』を書き終えたのです。岩波新書『福澤諭吉』は翌年三月に公刊されました。この本は、信三の書いた最後の本となりました。

多くの著作を残した文筆家小泉信三。その最後の作品が、尊敬していた福澤諭吉先生に対する「恩返しの一冊」になったのでした。師福澤諭吉を本にあらわすことは、信三にとって生涯のテーマでした。それが無事に終わって本当にほっとしたのでしょう。

信三が急逝《きゅうせい》したのは、その僅か二カ月後のことでした。

五　巨星《きょせい》墜《お》つ

信三は『福澤諭吉』刊行後も、いつもの通りとても元気に活動していました。結婚披露宴《けっこんひろうえん》の祝辞を述べるために神戸へ出かけ、そのついでに近くで合宿中の慶應庭球部の練習に顔を出て激励したり、日本学士院の例会に出席したり、麴町《こうじまち》中学校の卒業式に招かれて記念講演を行ったりと、様々な会合に参加しては多くの知友と会談し、方々に用事があって出かけている相変わらずの実に精力的な毎日でした。テニスの早慶戦第一日目に予想に反してリードを許してしまった時は、日吉蝮谷へ行って、部員一同を激励しました。亡くなる一カ月前のことでした。この時は、誰一人として、元気な信三の終焉《しゅうえん》を予期することはありませんでした。

昭和四十一（一九六六）年四月二十九日。天皇陛下のお誕生日に、信三はお祝いの言葉を述べるため宮中に参上しました。

その日の午後、慶應卒業生の招きで、とみと京都旅行へ出かけました。その夜は、同窓生四十名と一緒に食事をし、翌日は京都の庭園の美しさを味わい、賑やかな懇親会や京舞《きょうまい》を楽しみました。仙洞御所《せんとうごしょ》の庭は藤《ふじ》やつつじや山吹《やまぶき》が満開で、その美しさに、信三は何度も感嘆の声をあげました。

ところがその翌日である五月一日早朝、加代から電話がかかってきました。妙の夫準蔵が急病だというのです。信三は「どうか、どうか」と言って絶句しました。信三はとみとすぐに京都を立ち、東京駅で秋山正・加代夫妻に迎えられ、その足で慶應病院へかけつけました。準蔵は重症の胃潰瘍《いかいよう》で、予断を許さない状態でした。

翌五月二日。準蔵を見舞う信三自らも、慶應病院で診察を受けています。それは、京都に行く前から、「時々胸が締めつけられるようなことがある」と、とみに洩らしていたことを加代が知ったからでした。加代が心配して付き添い、心電図を撮りましたが、異常なしということでひとまず自分のことは安心しました。しかし準蔵の容態はますます悪くなっていました。

五月三日に行われた準蔵の手術は成功しましたが、「極めて重篤《じゅうとく》」と告げられ、その後も心配な状態が続きました。

信三は京都からかけつけた一日以来、毎日毎日準蔵を見舞いました。妙は病院につきっきりでしたから、少し休んだ方が良いと言われて、信三の家に帰って、とみのベッドで横になりました。その隣の書斎で本を読んでいた信三は、妙を気にしたのか、そっと静かに部屋を出ていきました。その後三人で食事をとりながらも、それぞれに気をつかって当たり障《さわ》りのない話をしていたのですが、そのうちに信三は、ふいに鼻をすすりあげて泣き出してしまいました。三人はしばらく泣きました。

信吉が戦死した時ですら、信三は加代と妙の前では泣かず、愚痴も言わず、自分が楯《たて》となって必死に家族を守る人でした。しかし、末っ子として手元から離したくなかった妙が、今こうして夫の生命を支えているのです。もし妙が不幸になってしまったらあまりに可哀想だと思って、年老いた信三は思わず涙を流してしまったのです。

五月四日は、信三の七十八回目の誕生日でした。妙は病院につきっきりですから、とみ、秋山正・加代夫妻の家族四人で、気分が晴れずに沈む中での寂しい乾杯となりました。これが信三の最後の誕生日でした。

五月七日、ようやく準蔵の容態は危機を脱しました。信三はしきりに家で「主に感謝し奉《たてまつ》る」と唱《とな》え、快方を心から喜びました。心配がなくなってほっとした信三は、すっかり元気になって、九日には再び会合に招かれて講演を行い、晩餐会《ばんさんかい》に出席し、いつも通りの活力漲《みなぎ》る日常に戻ったのです。

翌五月十日、準蔵を見舞った信三は、「どうだい食欲は？」と声をかけました。美味《おい》しい物が好きな準蔵の前に、重湯《おもゆ》とおつゆと葛湯《くずゆ》が置いてあったのを見た信三のユーモアです。「まだあまりおいしくありません」と答える準蔵に、「まあ、あせるな。世の中にはうまいものがたくさんある。大事にしたまえ」と言って、信三は病室を出ました。それは準蔵と信三の最後の会話であり、妙が聞いた最後の父の声でした。

準蔵を見舞った後、信三は東宮御所へ出かけました。皇太子殿下にお会いして、最近のご様子をうかがうためでしたが、殿下はフィリピン副大統領との昼食会でご不在だったので、順天《じゅんてん》堂《どう》病院に入院中の安倍能成を見舞いました。学習院《がくしゅういん》長であった安倍とは、東宮御教育参与の一員として深い親交がありましたが、慶應義塾の講師をつとめていた時からの長い付き合いでした。安倍は信三の没後僅《わず》か一カ月後に亡くなりました。信三の死に気を落としたからと新聞は報じました。この日に、親友二人が病室で何を話し合ったのかは分かりませんが、互いに残された命の時間は、まったく考えてもいなかったのでしょう。

その夜、信三は遅くまで起きて、絶筆となった原稿の校正をしました。創刊以来熱心に応援して記事を書いていた『新文明』という雑誌への寄稿でした。校正刷に筆を入れて原稿を手直ししていたのですが、午後十一時頃に休むことにしました。

夜中になって少し胸が痛んで、苦しくなってきたので、とみは主治医を呼びました。主治医は夜通し付き添いましたが、発作は間もなく収まったので明け方に帰りました。信三は寝ずに付き添ってくれているとみに、

「君に心配させて済まないね」

と言って、ぐっすり眠りました。

翌朝五月十一日の七時頃、再び発作が起こりました。そして午前七時三十分、信三はとみ一人に看取《みと》られて、心筋梗塞《しんきんこうそく》で亡くなりました。七十八年と一週間の、激動の生涯でした。空襲による火傷で眠っても瞼《まぶた》が閉じないから、自分が死んだ時には瞼を縫ってほしいとかねてから言っていた信三でしたが、その瞼はしっかりと閉じていました。

信三の死は、とみ、そして加代によって、まず親族に伝えられましたが、準蔵の病室にいた妙には信三の甥《おい》（妙の従兄弟）から「ちょっと叔父さんが病気だから家へ」と言って伝えたのでした。何か不思議に思った妙は、自宅に向かう車の中で「本当はどうなの?」と聞き、「亡くなった」と本当のことを教えてもらったのです。妙は何も言えませんでした。

信三の突然の死が伝えられると、小泉家には続々とその死を悼《いた》んでお悔みを述べる方々が訪

小泉邸を弔問に訪れられた皇太子同妃両殿下（撮影　三木淳）

れました。慶應義塾関係者はもちろんですが、宮内庁長官や侍従長、美智子妃殿下のご両親正田《しょうだ》英三郎《ひでさぶろう》ご夫妻をはじめ、各界の弔問客が絶え間なく訪れました。

午後二時三十分、皇太子殿下と美智子妃殿下が御弔問《ごちょうもん》されました。東宮御所の庭で育てられた白バラやカーネーションなどの花束を、信三の霊前に供えられました。

皇太子殿下はこの後、とみに御弔歌《ごちょうか》を贈られました。

「霊前にしばしの時をすわりをれば　みみにうかびぬありし日の声」

皇室が一民間人を御弔問されるということは、初めてのことでした。それは、信三が、皇太子殿下、皇太子妃殿下にとっての「先生」であったということを示しています。

新聞各紙は次のような見出しで、信三の死を報じました。「筋を貫いた生涯」「昨日まで東宮御所へ」「恩師にお別れ、皇太子ご夫妻小泉邸をご弔問」「皇太子さまの先生」「運命と闘った好男子」「適格無類《てきかくむるい》な教育家」「日本の代表的な良識人」「勇気と聡明《そうめい》さ」「健全な肉体に健全な精神が宿ることを実証した勇気ある人」、これらの見出しから、あまりに突然の死を悼む、当時の人々のはかりしれない哀しみを読みとることができます。

病床にある準蔵には、その体調を案じて、信三の死は秘密にしていました。新聞を読みたいという準蔵には、疲れるといけないからといってスポーツ面だけを見せました。

通夜、葬儀の準備に追われる中で、小泉家遺族としてまず考えたのは、政府の叙勲《じょくん》を辞退しようということでした。信三は生前、文化勲章以外の叙勲は受けないと話していました。政府が叙勲の申請をしている動きを知り、故人の遺志《いし》を尊重したいと宮内庁長官を通して辞退を申し出ました。

十二日には小泉邸で、遺族親族、知人友人、慶應義塾関係者のごく内輪で通夜が行われました。十三日には、孫エリを送り、自身も洗礼を受けた聖アンデレ教会で、ミサが行われました。慶應義塾のブルーレッドアンドブルーの三色旗に棺《ひつぎ》は覆《おお》われ、慶應ワグネル・ソサィエティー会員が歌う讃美歌と慶應義塾塾歌の中を、庭球三田会の人々によって霊柩車《れいきゅうしゃ》に運ばれ、桐ケ谷《きりがや》斎場《さいじょう》で火葬されました。

葬儀は十四日午後に行われることになりました。皇太子殿下と皇太子妃殿下は、葬儀の混雑や混乱を避けるために、出席を見合わせることに決められたので、午前十時に小泉家を御訪問され、信三との最後のお別れをなさいました。両殿下が二回にわたって小泉家を訪れたことは、新聞各紙に写真と共に大きく報じられました。その写真を遠いアメリカで目にしたヴァイニング夫人は、「皇太子殿下は緊張なさった時、いつもこのように握りこぶしになられる」と言ったそうです。

葬儀は午後一時から青山葬儀所で行われました。皇太子殿下、皇太子妃殿下からだけではなく、天皇皇后両陛下からも御供花《ごきょうか》がありました。会葬者一万余名が最後のお別れのために長蛇の列を作りました。体育会各部の主将は、弔旗《ちょうき》を整然と掲げて整列しました。とみは、この葬儀に対する協力に感謝して、翌春に大学を卒業した体育会部員三百名に、信三最後の著作『福澤諭吉』を贈りました。

信三の死をまだ知らない準蔵が、病室で「洗礼を受けたい」と打ち明けたのは、偶然にもこの日の葬儀から妙が帰った時でした。五月末に病室で洗礼を受け、その後に父信三の死を知らされたのでした。

信三の遺骨は、七月二日に、多磨霊園《たまれいえん》に埋葬されました。

信三の随筆に「戦時《せんじ》の花」という作品があります。終戦の年、昭和二十年一月のこと。信三がとみの五十回目の誕生日を驚かして祝おうと、花束を買いにいった時の話です。花など詳しくない信三は、花屋に適当に選んでもらいました。水仙《すいせん》と、ストックと、エリカでした。信三は買った花を小脇にかかえ、浮き浮きした気分で帰り、とみに贈りました。とみはとても驚き、加代と妙は父を褒めました。「戦争末期の、僅かしかない、明るい記憶の一である」と信三は書いています。

以来、毎年欠かさずということではありませんでしたが、昭和二十六年から、うっかり忘れることもありながら、信三はとみの誕生日に花を贈るようになりました。おそらく、随筆「戦時の花」を読んだ人が褒めて、好評だったことに気をよくした信三が、それをめでたいしきたりにしたのでしょう。花の名前に詳しくない信三は、「戦時の花」のストックとエリカを覚えて、毎年の花束には必ずこの二種類の花を入れました。

信三が亡くなった翌年の一月。とみの誕生日に、花束が届きました。贈り主は、美智子妃殿下でした。水仙と、ストックと、エリカの花束でした。美智子妃殿下は信三の「戦時の花」をお読みになって、信三の代役をおつとめくださったのでした。とみは、驚きと喜びと感謝に満たされました。

信三の一周忌には、美智子妃殿下はとみに御弔歌を贈られました。

「ありし日のふと続くかに思ほゆる　このさつき日を君は居まさす」

御弔歌の短冊《たんざく》が収められた桐の箱には、きれいな刺繍《ししゅう》のある布が貼られていました。それは、美智子妃殿下ご自身の着物の布地だったのです。

六　小泉精神の継承

信三が亡くなってからも、未発表だった原稿が続々と文芸各誌に掲載されました。そして、わずか三百部しか印刷されなかった幻の名著『海軍主計大尉小泉信吉《かいぐんしゅけいたいいこいずみしんきち》』が八月に公刊され、たちまちベストセラーになりました。信三の死を惜しんだ読者が、大事になでるようにこの本を読み、あらためて信三の文章に魅力を感じ、同時にあらためて大きな悲しみを抱きました。『福澤諭吉全集』をまとめた富田正文らを刊行委員として、没後間もなく『小泉信三全集』の編集が始められました。昭和四十二（一九六七）年から五年間をかけて、全集は全二十八冊にまとめられました。今も信三の全著作や書簡などが収められたこの書は、信三を知る最も貴重な資料です。

慶應義塾では、信三の亡くなった年の七月に、「小泉信三記念慶應義塾学事振興基金《がくじしんこうききん》（小泉基金）」を設けました。信三の志を継承して、学術の国際交流、研究者の養成、学生の学問・

体育の奨励と表彰、小泉信三記念講座の開設、その他慶應義塾の学事振興に必要と認められる事項、以上五項目の活動を支援し実現させるための基金でした。

そのうちの一つである「学生の学問・体育の奨励と表彰」として、「小泉体育賞・小泉努力賞」という賞を作りました。これは、慶應義塾体育会の学生（団体及び個人）が、それぞれの運動部の対外試合において、優秀な成績を残した時に贈られる名誉ある賞で、授与されるメダルは、世界的な彫刻家であるイサム・ノグチ氏によるデザインです。

小泉体育賞は、全日本学生や国体での優勝、アジア選手権やユニバーシアード、そしてオリンピックなど国際大会で優勝またはそれに準ずる活躍をした学生に贈られ、小泉体育努力賞は、関東学生優勝や全日本学生準優勝などの結果に贈られます。慶應義塾の一貫教育校である高校生にも同様に、インターハイや関東大会などの好成績に対して小泉賞が贈られています。

この名誉ある小泉体育賞と小泉努力賞の第一号は、誰に贈られたでしょう。それは、昭和四十三（一九六八）年三月、小泉とみに贈られたのでした。

庭球三田会では、信三の死の翌年三月、日吉蝮谷テニスコート脇に、記念碑を建てました。信三が常日頃大事にした「すべて練習は不可能を可能にする」という言葉が刻まれました。手紙や原稿の中から、この言葉の字を集めて刻んだものです。碑の下には、信三の遺品であるペーパーナイフと、庭球三田会で編集した追悼録、そして庭球三田会会員名簿を埋めました。現在の記念碑には、「練習ハ不可能ヲ可能ニス」と刻まれています。後日、小泉家の書斎から毛筆で書かれた書「練習ハ不可能ヲ可能ニス」が見つかったので、庭球部創立八十周年を記念して、昭和五十六年に記念碑が改装されました。記念碑の裏側にある碑文は変わっていません。次のように記されています。

小泉信三先生は明治二十一年五月四日東京三田に生れ、昭和四十一年五月十一日急逝《きゅうせい》せらる。

慶應義塾普通部二年のとき庭球部に入り、五年生にして全塾第一位の選手となり、大学に進んで主将となる。その豪快なるフォアハンドストロークはつねに敵の心胆《しんたん》を寒《さむ》からしめたり。後に大学教授となり、大正十一年庭球部長に就任し、その在任十年間に義塾庭球部が名実共に日本一のチームとなり、爾来《じらい》庭球王国と称せらるるに至りたるは、すべてこれ先生の指導によるものにして、庭球部先輩後輩の永く忘るべからざるところなり。

昭和八年塾長に推されて在職十四年、学事の興隆《こうりゅう》に努《つと》むると共に体育の振興に心を配ること極めて切《せつ》なり。庭球部を生れ故郷と称し、とみ子夫人と共に終生その故郷と故郷の人々を愛して已《や》まざりき。

我等庭球三田会員は、今その高風を仰ぎて、先生の平生好んで口にせられし言葉を刻み、永く選手部員激励の資《もと》とすると共に故人を偲《しの》ぶよすがとするものなり。

昭和四十二年三月二十六日建之

この「練習ハ不可能ヲ可能ニス」の額は、皇太子殿下がお住まいだった東宮御所のテニスコートにも掲げられていました。

没後十年にあたる昭和五十一（一九七六）年には、信三は野球殿堂《やきゅうでんどう》入りしました。野球殿堂とは、日本の野球の発展に大きく貢献した人を顕彰《けんしょう》するものです。戦時下に学生野球が続行不能に陥った時、出陣学徒のはなむけのために「最後の早慶戦」を開催し、戦後も学生野球の発展に尽くしたからでした。文化勲章以外の表彰は一切受けなかった信三です。その遺志を受けて、勲一等をも辞退しました。しかし、学生野球が大好きな人だったから、きっと野球殿堂は喜ぶだろうと、とみは殿堂入りを受けたのでした。東京ドーム内にある野球体育博物館の殿堂ホールに、ブロンズ製の信三の胸像《きょうぞう》が飾られています。

同年には、慶應義塾主催「小泉信三賞全国高校生小論文コンテスト」が始まりました。信三の人格と業績を後世に伝え、青少年の文章表現能力の向上に役立てるために、没後十年を記念して作られました。毎年の課題に対して、日本全国の高校生から立派な小論文が集まります。例年一月十日の福澤先生誕生記念会にて表彰式が行われています。若い文筆家が生まれることを、さぞ信三は望んでいることでしょう。

「小泉信三展」は二度開催されました。一度目は、亡くなった翌年である昭和四十二（一九六七）年に、慶應義塾と文藝春秋と毎日新聞社が主催となって行った「小泉信三展」です。東京では日本橋三越で、大阪では高麗橋《こうらいばし》三越で、それぞれ六日間開催されました。信三という精神的支柱を失って、ぽっかり穴が開いてしまったような空洞《くうどう》を、まだ誰も埋めることができないでいました。東京・大阪合わせて、約十五万人もの人々が、この展覧会に足を運びました。皇太子殿下と美智子妃殿下は、とみや富田正文の案内で、約一時間にわたって熱心に観覧されました。

二度目は、平成二十（二〇〇八）年に、慶應義塾三田キャンパスの図書館旧館にて行われた「生誕一二〇年記念小泉信三展」です。信三没後四十二年となり、信三を知らない世代が多くなってきています。この展覧会には、二週間で一万二千人の来場者がありました。信三を直接に知る人は、皆一様に懐かしそうに、感慨深く展示資料に見入っていました。そして信三の死後に生まれた若い世代にとっては、初めて信三を身近に感じる機会になったのです。

この「小泉信三展」をご覧になった天皇皇后両陛下は、「信三先生には本当にお世話になりました」と、幾度も「信三先生」と話されました。信三は、両陛下にとっての「先生」であることを深く感じた瞬間です。丁度この年は、両陛下御成婚から五十年の節目の年でもありました。

慶應義塾創立百年記念式典にて（撮影 畔田藤治）

このように、信三が亡くなった後も、信三に関する有形無形の様々な記念が今も残っていることで、その精神は継承されているのです。

終わりに

小泉信三の七十八年間の生涯は、当時の人の多くがそうであったように、悲惨《ひさん》な戦争によって、沢山の悲しみと苦しみを心にも体にも受けた生涯でした。

信三の心の傷は、一人息子の信吉と多くの塾生を戦地で喪《うしな》ったことでしたが、体の傷である空襲による火傷は、顔立ちをすっかり変えてしまいました。しかし、戦前のハンサムな顔と、戦後の火傷を負った顔とを見比べてみると、顔に大火傷を負ったからこそ、人生に深みが増したのではないかと思えるのです。長女加代は、「父の顔は、やけどのあとの方が本物で、昔の写真を見ると、浅いような気がする」と書いています。

小泉信三の一生とは、どういったものだったのでしょう。

一つ目は、福澤諭吉という人物の教えを守り、それを受け継いだということです。信三は心から福澤を慕《した》い、尊敬し、従いました。福澤先生は信三にとって恩人であり、信三の全てでした。信三は福澤の学問と事業を受け継ぎ、福澤の作った慶應義塾を必死に支えていきました。まさに、信三の生涯は、福澤先生と慶應義塾に対する「恩返し」の一生だったと言えるでしょう。

福澤諭吉と小泉信三には、似ている所がいくつかあるように思えます。まず、父を早くに亡くしていることです。福澤は生後一年半で、信三は六歳で父を喪《うしな》いました。父親の愛をたっぷり受けることが出来なかった二人は、父を絵画などの絵姿のように理想化して慕い、それを心の支えとしました。そして父を知らない父親として、理想的な父親像に近づけるようにと、受けることのできなかった愛情をたっぷりと我が子に注いだのです。

そして、体が大きく頑強《がんきょう》で、運動が大好きであったことも似ています。逞《たくま》しい身体があってこそ健全な精神が宿ると考えた福澤は、米搗きに居合にと体を鍛え、最晩年にも散歩を欠かしませんでした。信三はテニスにキャッチボール、そして運動競技の熱心な応援家でもありました。

学問に熱心だったところも共通点です。学問への興味と熱意を持ち、それを成し遂げるためには不断の努力を惜しまず、決してへこたれない気概を持っていました。その学問への炎は、決して自分一人が得をするといった利己的《りこてき》な動機ではありませんでした。もっと広い視野を持ち、小さな島国日本が世界の中で生きていくための独立心を、多くの人々に啓蒙《けいもう》していったのです。慶應義塾という私塾の教育家にとどまらず、日本という国の教育家だったと言えるのです。

そして二人は、良識と勇気を兼ね備えた、日本の精神的支柱でありました。決してまわりに流されることのない強い意志を持ち、その軸はぶれることがありませんでした。時に、その時代における社会一般の風潮や思想の傾向と異なる考えを持っていて、世間から厳しい目にさらされようとも、「正しいことは正しいのだ」と、知恵と勇気を持って堂々と貫き通さなければならないことがあると考える人であり、またそれを実行できる人でした。時には大雨の天気のように、うまくいかないこともあるだろうし、たった一人になってしまうこともあるだろうけれど、そういう寂しさも覚悟しなければ、大事なことは成し遂げられないことを知っていました。

このように、父親を早くに亡くしたということは偶然の共通点ですが、その他にも実に多くの似ているところがあるのです。それは、信三が福澤先生を心から尊敬していたため、福澤先生の教えをしっかり守って、先生に少しでも近づきたいと考えていたからです。例えば、公務員や国会議員など、国に雇われる職に就かなかったこともそうです。福澤は自由に意見を言う立場であり続けたいと、公職の依頼を全て断りました。信三も同じでした。また、福澤は筆まめな人で、家族や知人友人に何千通もの手紙を書きました。信三も、手紙を書くことももらうことも好きな人でしたが、それは偶然の共通点なのか、福澤先生を真似したのか、それは分かりません。恩師に傾倒《けいとう》するあまり、色々なことが自然と似てきてしまったのかもしれません。

信三は、遠い昔の時代に生きた歴史的人物である福澤諭吉を、現代に伝える懸け橋の役を担ったとも言えるでしょう。


二つ目は、皇室に対する想いが深かったことです。信三は、「皇室とは、それを思い浮かべるだけで心が和《なご》む春のようなものであってほしい」と考えていました。強くて太く、決して揺るがない「信念」という名の軸を持って、戦後の日本の皇室づくりに力を注ぎました。現在の上皇上皇后両陛下のお人柄と御功績は、まさに「信三先生」の忠誠心と情熱によるところも大きいと言っても、決して過言ではないでしょう。

福澤は『帝室論』の中で、政治と帝室を分離し、帝室を政治の上に位置づけることで、精神的な統合をはかることを期待しました。政治の世界は火のように激しく争う場だけれども「帝室は独り万年の春」であるものだ、という考えです。信三は、まさにこの考えの通り、世の中に色々のことがあっても、皇室はいつもいつまでも、暖かな春のようであってほしいと願いました。皇室への尊厳を保ちながら、一般民衆が理屈抜きに皇室を慕うことができるよう、心を尽くしていったのです。

皇室に関する考えは、福澤も信三も基本は同じと言えますが、福澤は幕府の人だったので皇室と縁が深いわけではありませんでした。信三が皇室に対して抱いていた想いは、決して福澤の考えを継承したということではなく、信三個人の情熱でした。あらゆる要職《ようしょく》への熱烈なラブコールを全て断り続け、福澤諭吉の精神を、忠実に頑固《がんこ》に受け継いだ信三が、たった一つだけ就くことを決意した公職が、皇太子御教育の任でした。そこに、信三の並々ならぬ決意がうかがえるのです。

三つ目は、信三が愛の尊さを貫いた「愛の人」だったということです。信三は、人の世の愛《あい》別離苦《べつりく》を多く味わった人でした。父信吉を亡くし（明治二十七年）、妹横山勝を結核のため四十一歳の若さで亡くし（昭和六年）、親友であり義兄の水上瀧太郎を亡くし（昭和十五年）、戦争で息子信吉を亡くし（昭和十七年）、戦後に母千賀を亡くし（昭和二十一年）、最愛の孫エリを亡くし（昭和二十七年）、そして姉松本千を亡くし（昭和三十三年）、最後に下の妹佐々木ノブを亡くしました（昭和三十四年）。

姉の千が亡くなった後に知人に宛てた手紙には、「僕もこれで父、母、一姉、一妹、一児、一孫を亡ひました」と書かれています。千は信三と二歳違いで、父信吉を亡くした時には千が八歳、信三は六歳でした。それから六十五年間という長い年月ずっと姉と弟だったわけで、千の死後になって初めて、信三は知らず知らずのうちに心に姉を頼る習性があったことを知ったのでした。


信三は姉を愛し、尊敬もしていましたが、千は時折直感で断定的に物を言うことがあり、信三はその度に怒りました。詳しい事情も知らないのに、はっきりと判断して言い切る言葉のひびきに反発したのです。しかし、その女性特有の直感というものの正しさが、信三をとても驚かせ感心させたことがありました。それは、長くガンを患っていた姉を見舞ったある日、姉弟《してい》でかわした初めての福澤論でした。福澤先生が亡くなった時、信三は十三歳、姉は十五歳でした。男女の違いもあって二歳という年齢差はかなり大きいものだったので、ふと姉に聞いてみる気になったのです。信三は、

「福澤先生の偉いところはどこだったろう」と尋ねました。

「それは愛よ」

これが姉の答えでした。福澤諭吉の偉大さを人に問うと、大抵《たいてい》は日本という国の「独立」や「近代化」の先導者といったことがまず挙げられます。ところが、本当の偉大さは「人を愛する人であった」という姉の回答は、まるで信三の予想していなかったこと、考えも及ばなかったことだったのでびっくりしたのです。しかしそれは確かに正しいかもしれないと信三は考えました。福澤の本など多くは読まなかった姉が、女性の直感によって真の福澤先生の偉大さを知ったのかもしれないと、深く感じたのです。この姉の自然の答えに、信三はいつもと違って反対しないばかりか、「やっぱりそうだろうね」というような言葉を返したのでした。

この時、信三が同意したのには理由がありました。それは、やはり福澤先生の影響でした。福澤は、一人の兄と三人の姉がいましたが、二十一歳の時に兄を亡くし、末っ子でありながら福澤家のあととりとなったのです。そして六十四歳で二人の姉を立て続けに亡くしました。その時福澤は、残った一人の姉に慰めと励ましの手紙を送ったのです。信三はこの手紙にあふれている愛を思い起こしたのです。尊敬する福澤先生と同じように、今自分も愛する家族を喪おうとしているという一体感に、いくらかの心の慰めをおぼえました。そして同時に、命の時間に限りがある姉に対して自分が抱いている愛情を、福澤先生の手紙が教えてくれたのでした。だからこそ、福澤先生が「愛の人」であるという姉の答えに、完全に納得したのです。

千は息を引き取る間際に、家族一人一人に感謝を込めて別れの言葉を伝えました。信三に残した言葉は、孫たちのことをよろしく頼むということと、「謙虚にね」でした。七十二歳の姉が七十歳の弟に伝えたこの言葉は、信三の心を深く動かしました。「すべて承知した。安心してもらいたい」と姉に伝えました。信三はその後、姉の最期の言葉を一心に守ろうとつとめましたが、時に威張《いば》ることがあると、二人の娘に「ナタナエル信三、謙虚、謙虚」と言われ、「そうでした」と反省するのでした。

愛に生きた福澤諭吉。全てにおいて福澤先生の教えを守り、恩師に少しでも近づけるよう努めた信三でしたが、福澤が「愛の人」であったことを知ったのは、七十歳になった時のことでしたから、それまで「愛」を意識して生きてきたとは考えられません。では信三はどうだったかというと、それはやはり「愛に生きた人」でした。

国を愛し、皇室を愛し、慶應義塾を愛し、スポーツを愛し、そして家族を愛しました。勇気ある男らしさと良識は、ありったけの溢れる愛に裏付けられたものでした。

日本という国の進むべき道を切り拓《ひら》き、自らがその正しい方向に進み、品格を高めることを重んじ、多くの著作や交友関係の中でそれを指し示していった信三。それはまるで、いかなる時も進むべき方位を教えてくれるコンパス（羅針盤《らしんばん》）、常に北の方位を示してくれる一つ星（北極星）のようだと言えるでしょう。

メーテルリンクの『青い鳥』で、木こりの子どもの兄妹は青い鳥を探し求めますが、とうとう見つけることはできませんでした。失意のうちに家に帰ると、青い鳥はずっと我が家の籠《かご》にいたのです。信三は、「福澤諭吉先生の如《ごと》きも、私にとっては『青い鳥』であった」と書いています。父子二代にわたって福澤先生の教えを受けていながら、ずっと福澤先生のことを勉強しようともせず、視野を広くしようと外国の本ばかり読んでいた信三でした。福澤の偉大さを知るまでの長い間、実は立派な青い鳥がずっと我が家の籠にいたことを知らなかったと振り返っています。そして、多くの学者が早く我が家を顧みてほしいと書いています。

日本にとっての幸せの「青い鳥」は何でしょう。信三はそれを「福澤諭吉」と書きました。その箇所を、今あえて「小泉信三」と置き換えてみます。今の日本にあてはまるのではないかと思えてなりません。

多くの人に「小泉信三」という人物のことを知ってもらえたらと、心から願います。

刊行に寄せて
――父のこと

小泉《こいずみ》　妙《たえ》
（小泉信三・二女、随筆家）

この伝記により、多くの方に父を知って頂くことになりました。良い父親と言って頂けたら嬉《うれ》しゅうございます。

父が出征する兄に手渡した手紙（本文一二二ページ）には、「生れ替《かわ》って妻を択《えら》べといわれたら、幾度でも君のお母様を択ぶ。同時に、若《も》しもわが子を択ぶということが出来るものなら、吾々二人は必ず君を択ぶ」とあります。私も択んでほしいのです。本当に良い父でしたから。

父の塾長時代、慶應の学生さんと話していると、たびたび聞かれたのは「塾長は家でも怖いのですか?」でした。「怖くない」と答えながら「少し違うな」と思いました。今になって考えれば「きびしいところのある大層面白い人」と言えばよかったのです。

父は六歳、正確に言えば五歳半で、自らの父を失いましたから、私にとっての祖父の思い出が実に少ないのでした。僅《わず》かな思い出の中の三つを書きましょう。

その一、「マッチのすり方を知って庭ですって遊んでいた。気がついたら、おとっつぁんが窓から見ていた」（その頃はお父さんを〝おとっつぁん〟、お母さんを〝おっかさん〟と呼ぶ家庭が多く、福澤先生のお宅も同じでした）。

その二、「姉さんと二人、おとっつぁんと一緒に西洋館の玄関の前に立っていた。おとっつぁんがベルをならした」。横浜に引越した日です。年譜によれば一八九二年四月ですから、これは小泉信三満三歳寸前の記憶です。

その三、父が小学校に入学した年に、中国と日本の戦争が始まりました。当時横浜には多数の中国人が住んでいました。

ある日、一人の中国人が小泉の家に駆け込んで来ました。祖父が長を務める正金銀行（現三菱東京UFJ銀行）に銀貨鑑定のため、雇われている人でした。名はペンさん。迫害《はくがい》を受け、助けをもとめて来たのです。祖父はすぐ警察に連絡して助けました。数日後ペンさんは礼に来ました。土に跪《ひざま》ずき、辮髪《べんぱつ》の頭を地に伏せ、両腕を服の袖口に組み、それを天と地に上げ下げして、感謝の礼を尽くしました。

その日から間もなく祖父は亡くなりました。お棺の周囲に並べられた供物《くもつ》の中に、ペンさんよりの立派なものがありました。

祖父がまだ元気であった十一月二十一日に、難攻不落《なんこうふらく》と言われた要塞《ようさい》が陥落しました。愛国者の祖父がそれを喜んだのを父は知っていました。その祖父は敵国人を助け感謝された人なのです。六歳の父は、親のその行為を正しいことだと嬉しく思った、と後に書いております。

第二次世界大戦中、ユダヤ人はドイツで迫害され、父の留学中の恩師オッペンハイマー氏が、日本を通りアメリカに亡命されることになりました。それを知った父は、恩師と令嬢を迎え、慶應の若い教授方の助けを得て、おもてなし致しました。約一カ月滞在の後に、アメリカへ向かわれた氏は「自分がこれほどの歓待を受けるとは思わなかった」と涙を流されたそうです。祖父とペンさんの場合は敵国人との関係で事情は違いますが、父の気持に通じるものがあるように思われて、ここに記しました。

家長を失った小泉家は、母子家庭になりました。息子が一人、娘が三人。祖母自身も三姉妹でした。兄弟があれば男の子の気持が分かるでしょうし、相談にものってもらえたでしょう。勝気で決断力のある祖母は、夫の急逝《きゅうせい》から一週間後に出産、次に東京への転居と周囲の驚くほどの早さでことを進めましたが、先の長い息子の教育は何よりの難問であったと思います。男らしく育てなければと相撲をとったりして。

横浜の広い家から東京の小さい家に越した当時を思い返して、老年の父は「子供とは不思議に運命の変化をむしろ楽しむ」と書いて居ります。狭いところを走り廻って楽しかったのだそうです。「子供とは…」と一般論としておりますが、「自分は…」であると私は思います。

姉千の話。法界屋《ほうかいや》という男たちが居た。夜、月琴《げっきん》を奏で、淋《さび》しい歌を唄いながら町を歩く。その唄声が聞こえると、「信さんは淋しいッ」と言って蒲団をかぶってしまったそうです。同じ夜の思い出として父は、夜中に目を覚ました時に見ることのあった祖母の様子を忘れませんでした。うつ伏せに寝て、何か深く考えている様子。声をかけられない雰囲気。なんと淋しい光景でしょう。その姿勢を解いて横たわるのを見てほっとしたそうです。

早く親を失った子供たち、早く未亡人になられた方々のその後を、父は長く気にかけておりました。小泉信吉の死後に福澤先生から賜《たまわ》った御親切は、当時幼くて気づかなかっただけに、感謝は年と共に深まったと思います。最後の著書が岩波新書の『福澤諭吉』になったのも、御恩返しの筋書通りと言えましょう。

この伝記を読まれる方の中には、早く父上、母上を亡くされた方もいらっしゃいましょうが、将来その嘆きを昔のこととして、楽しい家庭をおつくりになりますよう切に願っております。

神吉《かんき》創二《そうじ》さんとの初対面は、十七年前、親類の婚礼の席で軽く御挨拶を交わしただけでした。それが大層親しくなったのは七年前からです。神吉さんの先輩山内慶太《やまうちけいた》さんが、私に父の思い出を語らせ、それを本にしようとの発案に、神吉さんが賛同、私はためらいながらお受けすることになったのでした。聞き手に都倉武之《とくらたけゆき》さんも加わり、一回二時間、二十六回の面談を経て、『父 小泉信三を語る』（慶應義塾大学出版会刊）が出版されたのです。人と人が二十六回会って話すことが、いかに親しみを増すかを、つくづく知ったことでした。

顧みれば、父は創二さんの曾祖父様（神吉英三氏）と同級で、晩年まで親しいお付き合いの仲でした。「君の曾孫さんが僕の伝記を書いてくれた。有難いことだ」。父の声が聞こえるような気が致します。

神吉創二さんが多忙な日々の中で、この伝記を見事に仕上げてくださいましたことに、尽きぬ感謝を申し上げます。有難うございました。

平成二十六年五月四日　父の誕生日に

〈著者略歴〉
神吉 創二（かんき　そうじ）
慶應義塾幼稚舎教諭。庭球三田会常任幹事。昭和45（1970）年生まれ。1992年慶應義塾大学法学部法律学科卒業。在学時は慶應義塾体育会庭球部主務。『慶應庭球100年』（慶應庭球100年編集委員会、2001年）、『練習は不可能を可能にす』（共編、2004年、慶應義塾大学出版会）、『父 小泉信三を語る』（共編、2008年、慶應義塾大学出版会）、『アルバム 小泉信三』（共編、2009年、慶應義塾大学出版会）、『小泉信三エッセイ選1、2』（共編、2016年、2017年、慶應義塾大学出版会）などを編集。

伝記 小泉信三

2014年7月15日　初版第1刷発行
2021年6月20日　初版第5刷発行

著　者――――神吉創二
発行者――――依田俊之
発行所――――慶應義塾大学出版会株式会社
〒108-8346　東京都港区三田2-19-30
TEL〔編集部〕03-3451-0931
〔営業部〕03-3451-3584〈ご注文〉
〔　〃　〕03-3451-6926
FAX〔営業部〕03-3451-3122
振替 00190-8-155497
http://www.keio-up.co.jp/
装丁――――鈴木　衛
印刷・製本――港北出版印刷株式会社
カバー印刷――株式会社太平印刷社

Printed in Japan　ISBN 978-4-7664-2159-0

慶應義塾大学出版会

アルバム 小泉信三

山内慶太・神吉創二・都倉武之編　日本を代表する知識人として活躍し、皇太子殿下（上皇陛下）のご教育にもかかわった小泉信三の生涯の軌跡を、図版約 300 点と豊富な解説で伝えるオールカラー愛蔵版。小泉信三の講演二編を収めた「特別付録 CD」を付す。　◎2,800 円

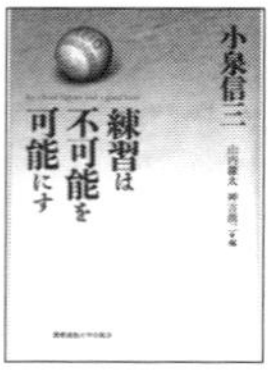

練習は不可能を可能にす

小泉信三 著／山内慶太・神吉創二編　果敢なる闘士たれ、潔き敗者たれ——。スポーツを語って人生の生き方におよぶ、名文集。気品あふれる文章を味わえる一冊。　◎2,400 円

父 小泉信三を語る

小泉妙 著／山内慶太・神吉創二・都倉武之編　小泉信三（1888–1966）生誕 120 年を記念して企画された、エッセイストとしても著名な小泉信三の二女による聞き書き。良き家庭人としての小泉信三の姿が、エスプリのきいた娘の語りで活きいきとよみがえる。　◎2,400 円

小泉信三エッセイ選
1 善を行うに勇なれ　2 私と福澤諭吉

小泉信三著／山内慶太・神吉創二・都倉武之・松永浩気編
小泉信三歿後 50 年記念刊行。上皇陛下の御教育係を務め、戦後を代表する言論人として日本をリードしてきた小泉信三の言葉が新たな編集で甦る。モラル・バックボーンを示す『善を行うに勇なれ』、福澤諭吉を温かい眼差しで描く『私と福澤諭吉』の二巻で刊行。　各巻◎2,800 円

表示価格は刊行時の本体価格（税別）です。